성령에 속한 사람

성령에 속한 사람

이동원 지음

규장

■ 머리말

성령에 속한 사람의 열매

이 시대는 바야흐로 추수의 계절로 들어선 듯합니다.

그러나 정작 열매를 거두어야 할 우리 두 손은 허전하기만 합니다.

우리의 주인이 기대하신 그 열매가 보이지 않으니 말입니다.

주께서는 이 열매를 기대하셔서 십자가에서 자신의 생명을 던지셨습니다. 또 다시 사신 주님은 성령님을 보내주셨는데도 말입니다.

이제 우리는 십자가 앞에 엎드려 정직한 맘으로 참회의 기도를 올립니다.

그리고 마가의 다락방에 엎드린 우리의 믿음의 선배들처럼 아버지의 약속하신 성령, 오직 성령님을 구하고자 합니다.

우리네 이 황무한 땅에 그분이 내리실 늦은비를 구하고자 합니다.

사도행전을 가리켜 우리는 성령행전이라 일컫습니다.
초대교회는 바로 성령의 열매였던 것입니다.
1세기를 바꾼 그리스도인들 또한 성령의 열매였습니다.
그리고 우리도 이 시대의 열매를 맺도록 부름받고 있습니다.

이 책은 이런 참회의 기도와 기다림의 열망 가운데 울부짖는 저의 마음에 주님이 부어주신 은혜의 영의 인도를 따라 우리가 살아야 할 새 시대 성령에 속한 사람들의 새 인격의 모습을 그린 것입니다.

또 이것을 한국교회의 회복을 위한 성령님의 기대로 믿기에 한국교회의 새날을 기도하는 모든 이 땅의 성도들에게 삼가 존경과 감사를 드리며 이 메시지를 올려드립니다.

함께 동역자 된 **이동원** 드림

■ 차례

머리말

1부 성령에 속한 사람의 인격 기초

- 1장 사랑은 예수님의 제자들이 달고 다니는 배지다 · 10
- 2장 희락의 열매는 고통에도 불구하고 맺혀진다 · 30
- 3장 화평은 기도의 깊은 바다 속에 있다 · 52

2부 성령에 속한 사람의 인격 중추

- 4장 오래 참음은 주님의 일에 힘쓰면서 참는 것이다 · 72
- 5장 양선은 주님의 선하심을 체험한 자의 삶의 열매이다 · 88
- 6장 자비는 십자가 체험에서 우러나온다 · 104

3부 성령에 속한 사람의 인격 완성

7장 충성은 소유가 아니라 존재의 행복을 위해 매진하는 것이다 · 124
8장 온유란 비겁한 자의 처신이 아니라 가장 용감한 자의 견덕이다 · 144
9장 절제는 분명한 목표를 가진 자에게서 나온다 · 162

4부 성령에 속한 사람의 열매

10장 성령의 열매를 맺는 비밀 · 178
11장 존재와 사역의 열매를 맺으라 · 196

1부 성령에 속한 사람의 인격 기초

1장	사랑은 예수님의 제자들이 달고 다니는 배지다
2장	희락의 열매는 고통에도 불구하고 맺혀진다
3장	화평은 기도의 깊은 바다 속에 있다

사랑의 열매를 맺는 일에 순종하는 것이 마땅한 줄 알면서도 순종하지 못하는 것은 왜 그럴까요? 그것은 사랑의 실천에는 수고가 따르기 때문입니다. 그 수고를 하기 싫기 때문에 사랑의 열매를 맺을 수 없는 것입니다. 수고 없이 어떻게 열매를 맺을 수 있습니까? 바울이 데살로니가 교인과 에베소 교인들을 칭찬할 때 "그대들에게는 사랑의 수고가 있었다"라고 말합니다. 수고가 있어야 열매를 맺습니다.

1부 성령에 속한 사람의 인격 기초

1장 사랑은 예수님의 제자들이 달고 다니는 배지다

"사랑하는 자들아 우리가 서로 사랑하자 사랑은 하나님께 속한 것이니 사랑하는 자마다 하나님께로 나서 하나님을 알고 사랑하지 아니하는 자는 하나님을 알지 못하나니 이는 하나님은 사랑이심이라 하나님의 사랑이 우리에게 이렇게 나타난 바 되었으니 하나님이 자기의 독생자를 세상에 보내심은 저로 말미암아 우리를 살리려 하심이니라 사랑은 여기 있으니 우리가 하나님을 사랑한 것이 아니요 오직 하나님이 우리를 사랑하사 우리 죄를 위하여 화목제로 그 아들을 보내셨음이니라 사랑하는 자들아 하나님이 이같이 우리를 사랑하셨은즉 우리도 서로 사랑하는 것이 마땅하도다 어느 때나 하나님을 본 사람이 없으되 만일 우리가 서로 사랑하면 하나님이 우리 안에 거하시고 그의 사랑이 우리 안에 온전히 이루느니라 그의 성령을 우리에게 주시므로 우리가 그 안에 거하고 그가 우리 안에 거하시는 줄을 아느니라"(요일 4:7-13).

홍수가 나면 제일 흔한 것이 물입니다. 온 천지가 물바다가 됩니다. 그러나 홍수 때 가장 귀하고 드문 것 또한 물입니다. 홍수가 나면 마실 물을 구하기가 어렵습니다. 오늘날 우리는 사랑의 홍수 시대를 살아가고 있습니다. TV를 봐도, 음악을 들어도 또 영화를 봐도, 온 세상이 사랑이라는 주제로 넘쳐흐르고 있습니다. 그런데도 사람들은 여전히 사랑에 굶주려 있습

니다. 사람들이 갈등과 고독과 인생에 대한 무의미로 방황하는 가장 중요한 원인은 사랑의 결핍에 있습니다. 사람들은 아직도 참된 사랑을 경험하지 못하고 있습니다.

신약성경이 씌어진 당시에 사랑을 뜻하는 헬라어 단어에는 여러 가지가 있었는데, 예를 들면 '에로스'라든지 '필리아', '스토르게' 같은 것들입니다. 그런데 신약성경의 기자가 본문에 나타난 것과 같은 희생적 사랑을 표현할 때는 이와 같은 단어들을 단 한 번도 쓰지 않았습니다. 하나님이 우리에게 보여주시고자 했던 사랑, 그 사랑을 표현하기 위해서 신약성경의 기자는 그 당시에는 사용하지 않던 죽은 언어 하나를 끌어냅니다. 그 단어가 바로 '아가페'입니다. 본문이 포함되어 있는 요한일서 전체를 보면 '아가파오'(사랑한다)라는 단어가 동사로 28회, 명사(아가페)로 18회나 기록되고 있습니다.

아가페의 사랑이란 '주는 사랑, 희생적인 사랑, 조건을 뛰어넘는 사랑, 철저하게 상대방의 유익을 구하는 사랑'을 말합니다. 예수 믿고 구원받았을 때 우리는 이 사랑을 처음으로 경험했습니다. 그런데 이 사랑은 한 번 경험했다고 해서 끝나는 것이 아닙니다. 즉, 이 사랑이 우리의 인격을 만들도록 우리는 이 사랑 안에서 자라가야 합니다. 갈라디아서에서 성령의 열매를 말하면서 바울 사도는 제일 먼저 무엇을 강조했습니까?

"오직 성령의 열매는 '사랑'과…"(갈 5:22).

여기서 '사랑'이란 단어가 바로 아가페입니다.

그렇다면 우리는 왜 이 사랑의 열매를 맺어야 할까요? 또 어떻게 하면 이 사랑의 열매를 맺을 수 있을까요? 성경에서 가장 위대한 사랑의 장인 요한일서 4장을 통해서 이 두 가지 질문에 대한 답을 찾고자 합니다.

사랑하기 위해 존재하는 분

우리가 사랑의 열매를 맺어야 하는 첫째 이유는 우리가 믿고 있는 하나님이 사랑의 근원자가 되시기 때문입니다. 본문 8절을 보십시오.

"사랑하지 아니하는 자는 하나님을 알지 못하나니 이는 하나님은 사랑이심이라."

사랑은 하나님의 본질이며 속성입니다. 어떤 신학자는 이런 말을 했습니다.

"사랑은 하나님이 하시는 많은 일 가운데 하나가 아니라 하나님이 하시는 유일한 일이다."

하나님은 사랑하기 위해서 존재하십니다. 그분은 사랑이십니다.

창조 사건을 생각해보십시오. 왜 하나님이 만물을 창조하셨을까요? 그분이 사랑이시기 때문입니다. 사랑은 인격적인 관계를 요청합니다. 다시 말해서, 사랑은 표현의 대상을 요구합니다. 그분은 자신의 사랑을 표현할 장(場)으로서 만물을 만드셨고, 만물 중에서도 인간을 만드셨습니다. 그분의 사랑이 창조를 연출한 것입니다.

또 구원 사건을 생각해보십시오. 하나님이 왜 우리를 구원하셨을까요? 그것은 그분이 우리를 사랑하시기 때문입니다. 즉, 죄 가운데 있던 우리를 다시 살려내어 하나님 자신과 사랑의 관계를 회복하도록 하기 위해서 십자가 사건을 계획하신 것입니다. 그분의 사랑이 구원을 가능하게 했습니다.

저는 하나님의 심판 사건에도 그분의 사랑의 의지가 작용하고 있다고 생각합니다. 왜 심판하실까요? 하나님은 자신이 사랑하는 대상 안에서 죄를 용납하지 못하십니다. 사랑하는 대상이기 때문에 추한 모습 그대로는 견딜 수 없으신 것입니다.

영원한 천국을 준비하신 하나님이 왜 그러셨을까요? 우리를 사랑하시기 때문입니다. 이 세상에 살 때 우리는 의(義)가 승리하지 못하고 불의(不義)가 득세하는 경우를 보면서 인생이 불공평하다는 생각을 갖거나 억울하고 답답하다는 느낌을 가질 때가 많습니다. 만일 이 세상이 전부이고 그것으로 끝난다면, 하나님은 불공평한 하나님이실지 모릅니다. 그러나 하나님은 영원한 세상을 준비하셨습니다. 거기서는 완전한 정의와 공평함이 실현될 것입니다. 세상에서 불평을 많이 했던 사람도 천국에서는 반드시 이렇게 고백하게 될 것입니다.

"하나님은 사랑이셔. 그분은 정말 사랑이시다."

당신은 하나님이 사랑이라고 믿습니까? 그렇다면 사랑이신 하나님의 자녀인 우리는 마땅히 사랑의 열매를 맺어야 할 것입니다.

믿는 자의 배지(badge)

우리가 사랑의 열매를 맺어야 할 둘째 이유는 우리가 믿고 있는 예수 그리스도가 사랑의 계시자이시기 때문입니다. 그분은 사랑을 나타내 보여주신 분입니다. 본문 9절을 보십시오.

"하나님의 사랑이 우리에게 이렇게 나타난 바 되었으니 하나님이 자기의 독생자를 세상에 보내심은 저로 말미암아 우리를 살리려 하심이니라."

하나님의 사랑이 이렇게 우리에게 나타났습니다. 그래서 우리가 참된 사랑을 보고 경험했습니다. 하나님은 우리를 구원하기 위해서 하나밖에 없는 아들 예수 그리스도를 이 땅에 보내주셨습니다. 그리고 십자가에 죽게 하셨습니다. 이것이 어찌된 사랑일까요?

제가 처음에 예수를 믿었을 때 어떤 부흥사 목사님으로부터 들은 이야기인데, 오랜 세월이 지나도 여전히 제 마음속에 촉촉한 감동으로 남아 있어서 소개하고자 합니다.

어느 날 목사님 두 분이 만났습니다. 한 목사님은 아들이 다섯이고 다른 목사님은 딸 하나밖에 없었습니다. 대화를 하다가 딸 하나밖에 없는 목사님이 친구 목사님에게 "자네는 아들이 다섯이나 되니까 하나는 내게 양자로 주지"라고 농담 반 진담 반으로 말했습니다. 그러자 이 목사님이 무심결에 "그러지 뭐" 하고 대답을 했다고 합니다. 그러나 집에 가서 그 이야기를 꺼내놓고는 사모님께 얼마나 야단을 맞았을까요?

그래도 이 분은 워낙 의리파라서 약속을 했으면 지켜야 한다고 생각했습니다. 그래서 아들 다섯 중 누구를 양자로 주어야 하나 생각하면서 아들들이 잠들어 있는 방문을 열었습니다. 곤히 자고 있는 아들 다섯을 물끄러미 내려다봅니다.

'어떤 아들을 양자로 줄까? 장남, 장남은 안 되지. 상속자인데 어떻게 다른 집에 주겠어?'

그래서 첫째 아들은 제쳐놓고 둘째 아들을 봅니다.

'이 녀석은 다섯 아들 중에서 제일 똑똑하고 장래가 촉망되는 아이인데 안 되지.'

셋째 아들을 보았습니다.

'이 녀석은 나를 쏙 빼닮았어. 제일 미남이고. 셋째는 도무지 안 되겠어.'

그래서 넷째를 보았습니다.

'이 녀석은 병치레를 자주 하고 너무너무 불쌍해. 이 녀석을

줄 수는 없지.'

이제 막내 하나밖에 안 남았습니다.

'이 귀여운 막내를 어떻게 줄 수가 있나.'

한 아들도 주기 어려운 자기 마음을 확인하던 그 날, 그 목사님은 요한복음 3장 16절 말씀을 생각했다고 합니다.

"하나님이 세상을 이처럼 사랑하사 독생자를 주셨으니."

하나님께서는 자신의 외아들 예수 그리스도를 내어주셨습니다. 그리고 예수님은 우리를 위해 십자가에서 자기를 기꺼이 내어주셨습니다. 예수님은 십자가를 지시기 전날, 사랑하는 제자들에게 이런 말씀을 하셨습니다.

"새 계명을 너희에게 주노니 서로 사랑하라 내가 너희를 사랑한 것같이 너희도 서로 사랑하라 너희가 서로 사랑하면 이로써 모든 사람이 너희가 내 제자인 줄 알리라"(요 13:34,35).

사랑은 예수님의 제자들이 달고 다니는 배지, 곧 상징입니다. 우리가 정말 예수 그리스도의 제자라면, 또 그분을 통해서 참사랑을 알았고 체험했다면 우리가 서로 사랑하는 것이 마땅하지 않겠습니까?

사랑의 중매자

우리가 사랑의 열매를 맺어야 할 셋째 이유는 우리가 믿고 있는 성령님이 사랑의 중매자 혹은 사랑의 촉진자가 되시기 때문입니다. 본문 13절을 보십시오.

"그의 성령을 우리에게 주시므로 우리가 그 안에 거하고 그가 우리 안에 거하시는 줄을 아느니라."

하나님의 영(靈)을 우리에게 주셨기에 우리가 사랑이신 하나님 안에 거하고 그분이 우리 안에 거하는 줄을 알게 되었다는 말씀입니다. 성령은 중매자입니다. 중매자가 하는 역할은 굉장히 중요합니다. 그래서 중매를 잘하면 수지 맞기도 하지만 잘못해서 뺨을 맞는 경우도 있습니다.

제가 이런 이야기를 들은 적이 있습니다. 어떤 형제가 한 자매를 무척이나 좋아했습니다. 그래서 연애편지도 쓰고 데이트 신청도 해보고 했는데, 자매에게서 전혀 반응이 오지 않았습니다. 너무너무 속이 상한 이 형제는 하루에 한 통씩 편지를 쓰기로 결심을 했습니다. 그러니까 이 자매는 매일 편지를 받게 되었지요. 1주일에 일곱 통씩 편지를 받았음에도 불구하고 자매는 아무런 반응을 보이지 않았습니다. 그래서 형제는 전략을 바꿔서 하루에 세 통씩 편지를 쓰기로 했습니다. 한참이 지난 어느 날, 이 자매가 드디어 반응을 보였습니다. 어떤 반응이었냐고요? 그 형제의 편지를 열심히 배달해준 집배원과 결혼을 한 것입니다.

이 이야기에서는 사랑을 맺어주는 일을 하는 사람인 중매자와 사랑이 이루어졌습니다. 중매자가 일을 잘 못한 셈이지요. 그러나 성령님은 정확한 중매자이십니다. 성령님은 우리를 하나님 앞으로 인도하시고, 하나님의 사랑을 체험할 수 있도록 도우시며, 우리가 하나님의 사랑 가운데 거할 수 있도록 하십니다.

디모데후서 1장 7절에 보면 "하나님이 우리에게 주신 것은 두려워하는 마음이 아니요 오직 능력과 사랑과 근신하는 마음이니"라고 했습니다. 다른 말로 하면, 하나님의 영은 능력의 영, 사랑의 영이라는 것입니다. 성령님은 우리 마음속에 오셔서 하나님의 사랑을 깨닫게 해주시고, 그 사랑을 우리 안에 넘치도록 부어주셔서 다른 사람을 사랑할 수 있도록 능력을 주십니다. 이 성령의 역사가 우리 안에 있다면, 그리고 그분이 지금도 나에게 사랑을 촉진하고 계시다면, 우리가 이웃을 사랑할 수 없다는 것은 핑계에 불과합니다. 우리는 사랑할 수 있습니다. 또 사랑의 열매를 맺을 수 있어야 합니다.

사랑의 마지막 관문

지금까지는 우리가 사랑의 열매를 맺어야 할 이유에 대해 생각해보았는데, 그렇다면 우리는 어떻게 사랑의 열매를 맺을 수가 있을까요? 본문에 보면 "우리가 서로 사랑하자"라는 표현이 세 번이나 반복되고 있습니다. 이것은 본문의 강조점이 '하나님의 사랑'에 있다기보다 '우리가 서로 사랑해야 함'에 있음을 보여줍니다. 본문의 논리적인 순서를 다시 한 번 검토해보십시오. 하나님은 사랑이십니다. 이 하나님의 사랑은 십자가의 예수님을 통해서 가장 잘 나타났습니다. 그리고 성령으로 말미암아 하나님의 사랑이 우리 안에 심겨졌습니다. 그렇다면 이렇게 하나님의 사랑을 체험한 우리는 누구에게 그 사랑을 나타내야 합니까? 우리가 늘 만나는 이웃에게 나타내야 할 것입니다.

정말 그 사람이 누군가를 사랑하고 있는지 그렇지 않은지는 그가 입술로 사랑을 고백한다고 해서 그것만으로 알 수 있는 것이 아닙니다. 사랑의 궁극적인 시금석은 그 사랑을 삶으로 표현하는지의 여부로 알 수 있습니다. 요한일서 4장 마지막 절인 21절에서도 이렇게 말씀합니다.

"우리가 이 계명을 주께 받았나니 하나님을 사랑하는 자는 또한 그 형제를 사랑할지니라."

이것이 결론입니다. 하나님을 사랑한다면, 또 하나님의 사랑을 체험했다면 우리는 내 주변에 있는 구체적인 이웃을 사랑해야 합니다. 그것이 사랑의 열매입니다.

사랑받는 자답게 살기

여기서 한 가지 의문이 생깁니다. 왜 사랑을 이웃에게 표현하는 것이 잘 안 될까요? 저는 우리에게 다음의 두 가지 의식이 결핍되어 있어서 그렇다고 생각합니다. 바로 신분 의식과 순종 의식이 그것입니다.

'신분 의식'이라는 말은 자신이 어떤 존재인지, 어떤 신분인지 명확하게 알고 있다는 뜻입니다. 우리의 신분이 무엇입니까? 다름아닌 하나님의 자녀입니다. 하나님은 어떤 하나님이십니까? 하나님은 사랑이십니다. 내가 사랑이신 하나님의 자녀로서 그 사랑을 위탁받은 자라면 사랑할 수밖에 없습니다. 그런데 우리는 그 사실을 자주 잊어버립니다.

사람은 누구나 자신의 신분에 따라서 행동하도록 되어 있습니다. 지극히 높은 신분을 가진 자는 언제나 자부심을 가지고 자신의 신분에 걸맞게 당당하게 행동합니다. 반면에 자신의 신분이 지극히 초라하고 보잘것없다는 인식을 갖고 있는 사람은 어디를 가도 기가 죽고 의기소침해집니다. 신분이 그 사람의 행동을 좌우합니다. 그러므로 우리의 신분, 하나님의 자녀라는 신분은 굉장히 중요한 것입니다.

본문이 시작되는 7절을 다시 한번 보십시오.

"사랑하는 자들아 우리가 서로 사랑하자 사랑은 하나님께 속한 것이니 사랑하는 자마다 하나님께로 나서 하나님을 알고."

우리가 사랑하고 있다는 것이 하나님께로부터 태어났다는 증거라는 말씀입니다.

신분에 관련된 재미있는 이야기 하나를 소개합니다. 중동(中東) 지방의 어느 나라 왕자가 중한 병이 들었습니다. 그 나라에서는 어느 누구도 왕자의 병을 치료할 수가 없었습니다. 그래서 왕자는 미국으로 치료를 받으러 갔습니다. 결국 왕자는 미국의 어느 유명한 의사에게 수술을 받고 병이 깨끗이 나았습니다.

그런데 이 왕자를 수술한 의사에게 한 가지 고민이 생겼습니다. 한 나라의 왕자를 수술하고 치료한 것은 굉장한 자랑거리이지만, 도대체 왕자에게 수술비를 얼마나 청구해야 하는지 판단이 잘 서지 않았기 때문입니다. '왕자님한테 돈을 많이 받을 필요 있나? 1,000달러 받고 말자'고 생각했는데 옆에 있던 동료들은 "1,000달러가 돈이냐 기본적인 의료 수당, 수술 수당을 전부 합하여 5,000달러는 받아야 한다"고 말합니다. 또 어떤 사람은 "중동의 왕자가 얼마나 부자인데 겨우 그 정도 받느냐면서 5만 달러는 받아야 한다"고 합니다.

고민 끝에 이 의사는 자기가 출석하는 교회의 목사님께 전화를 했습니다. 그 목사님이 중동에서 선교사로 일하다 온 분이기 때문에 중동의 문화를 잘 아실 것 같아 조언을 구한 것입니다. 의사의 이야기를 다 들은 목사님이 이렇게 말씀하셨다고 합니다.

"중동 왕실의 왕자들은 프라이드가 굉장합니다. 그들은 신분을 아주 중요시합니다. 그러니까 액수를 적은 청구서를 보내지 마시고, 빈 청구서 아래에다 '왕자님의 신분에 합당하게 지불하시기 바랍니다' 라고 적어서 보내십시오."

의사는 목사님이 가르쳐주신 대로 했습니다. 그랬더니 왕자가 7만5천 달러를 보내왔다고 합니다. 의사는 너무 흥분해서 당장 목사님께 전화를 했습니다.

"목사님, 목사님 말씀이 맞네요. 이 분이 7만5천 달러를 보냈습니다."

목사님도 반가워하시면서 "할렐루야, 잘됐습니다. 다음 주일에 봅시다" 그러시더랍니다. 의사는 목사님과 만나서 그 재미있는 이야기를 나누고 싶어서 기분 좋게 주일을 기다리고 있는데, 토요일에 목사님으로부터 편지를 한 통 받게 되었습니다. 뜯어보니 거기에는 감사헌금 봉투가 들어 있었습니다. 그리고 짧은 글이 적힌 편지 한 장이 들어 있었는데, 거기에는 이렇게 씌어 있었다고 합니다.

"형제여, 당신은 하나님의 아들입니다. 하나님의 아들의 신분에 합당하도록 감사헌금을 내십시오."

우리 신분은 참 중요합니다. '나는 사랑이신 하나님의 자녀다. 사랑받는 자답게 살아야지'라고 생각할 때 사랑의 열매를 맺을 수 있습니다. 그 신분을 망각하지 마십시오.

순종하는 것이 마땅한데?

사랑의 열매를 맺는 데 꼭 필요한 또 하나의 의식이 '순종 의식'이라고 했습니다. 이것은 하나님의 말씀대로 살아야겠다는 의지를 의미합니다. 왜 순종 의식이 중요합니까? 요한일서 4장 21절을 다시 한번 보십시오.

"우리가 이 계명을 주께 받았나니 … 그 형제를 사랑할지니라."

형제를 사랑하는 것이 계명이라고 말합니다. 주님이 우리에게 많은 교훈을 주셨지만 그 중에서 가장 중요한 계명은 사랑하라는 것입니다. 명령은 순종을 요구합니다. 정말 하나님의 자녀라면 순종하는 것이 마땅하지 않겠습니까? 하나님의 말씀대로 살겠다는 의식이 우리를 지배하고 있을 때 우리는 사랑의 열매를 맺을 수 있습니다.

본문 11절을 다시 한번 보십시오.

"사랑하는 자들아 하나님이 이같이 우리를 사랑하셨은즉 우리도 서로 사랑하는 것이 마땅하도다."

마지막에 '마땅하도다'라고 했는데, 아주 중요한 말입니다. 영어성경을 보니까 'We ought to love'라고 되어 있는데, 'ought to'는 'must'라는 조동사보다 더 강한 의미를 갖고 있습니다.

"우리는 반드시 사랑해야 한다. 사랑하지 않으면 안 된다."

이것은 거의 의무의 차원에서 강조된 것입니다. 주님이 그렇게 강조하셨다면 순종하는 것이 마땅하지 않겠습니까?

사랑의 열매를 맺는 일에 순종하는 것이 마땅한 줄 알면서도 순종하지 못하는 것은 왜 그럴까요? 그것은 사랑의 실천에는 수고가 따르기 때문입니다. 그 수고를 하기 싫기 때문에 사랑의 열매를 맺을 수 없는 것입니다. 수고 없이 어떻게 열매를 맺을 수 있습니까? 바울이 데살로니가 교인과 에베소 교인들을 칭찬할 때 "그대들에게는 사랑의 수고가 있었다"라고 말합니다. 수고가 있어야 열매를 맺습니다.

우리가 사랑해야 할 사람들은 많습니다. 또 사랑을 표현하는 방법도 다양합니다. 그러나 저는 우리가 표현해야 할, 그리고 표현할 수 있는 가장 중요한 사랑이 상대방에게 복음을 전하여 구원받게 하는 것이라고 생각합니다. 그것보다 더 위대한 사랑이 어디 있습니까? 주변에 내가 사랑하는 사람들에게 예수님의 복음을 전해서 그들이 그분을 영접하고 하나님의 자녀가 된다면, 그것은 지상에서 가장 아름다운 사랑의 수고가 될 것입니다.

"예수님, 나 여기 왔어요"

한 영혼의 구원을 위해 사랑의 수고를 아끼지 않았던 감동적인 이야기를 하나 소개하려고 합니다. 제가 미국에 있을 때, 「선데이 스쿨 타임즈」(Sunday School Times)라는 주일학교 교사들을 위한 잡지에서 읽은 기사입니다.

미스 탐슨이라는 분이 그 주인공인데, 이 분은 교회에서도 주일학교 교사를 하고 중학교에서도 학생들 가르치는 일을 하였습니다. 그런데 가르치고 있던 학생 가운데 테디 스텔러드라는 학생이 오랫동안 무단 결석하는 일이 생겼습니다. 집에 전화를 해도 받지 않습니다. 이제는 제적시킬 수밖에 없는 상황이 되었습니다. 그러나 그리스도인인 선생님은 이 학생을 그냥 제적당하게 할 수는 없다는 마음으로 방과 후에 그의 집을 찾아갔습니다. 예상한 대로 집은 엉망이었습니다. 어머니는 가출했고 아버지는 알콜 중독자였습니다. 선생님은 잠들어 있는 아이를 깨워서 얘기를 나눴습니다. 이튿날도, 그 다음날도 학교 수업이 끝나면 선생님은 어김없이 테디의 집을 찾아갔습니다. 그리고 이렇게 말합니다.

"테디야, 선생님에게 딱 한 가지 소원이 있단다. 뭐냐 하면, 선생님이 반에서 출석을 부르면서 '테디 스텔러드!' 라고 했을 때, 네가 한 번만이라도 '선생님, 나 여기 왔어요!' 라고 대답해주었으면 하는 거란다. 이 한마디만 들으면 선생님은 더 이상 원이 없겠다. 그렇게 해줄 수 없겠니?"

드디어 어느 날 테디가 학교에 나왔습니다. 선생님이 얼마나 기뻤을까요? 그 날 선생님이 학생들을 부르는 목소리는 전과는 어딘가 달랐습니다. 유난히 크고 기쁨에 넘치는 목소리로 선생님은 차례로 아이들의 이름을 부르기 시작했습니다. "바비, 탐, 메리, 테디…" 했더니 테디가 뒤에서 아주 어색한 표정으로 "선생님, 나 여기 왔어요!"라고 대답합니다. 선생님은 눈물을 흘렸습니다. 얼마나 기뻤는지….

그런데 며칠 후 테디의 모습이 또 보이지 않았습니다. 선생님은 그 학생의 집을 다시 찾아가보았습니다. 그러나 테디는 집에 없었습니다. 아버지의 말로는 병원에 갔다고 합니다. 병원에 가서 알아보니 테디는 뇌암이어서 살아날 희망이 없다는 판정을 받고 입원해 있었습니다. 이제 선생님은 학교가 끝나면 병원에 들르는 일이 일과가 되었습니다. 날마다 병원을 찾아갑니다. 오늘도, 내일도, 모레도…. 그러자 테디가 이렇게 말합니다.

"선생님, 저는 제 병을 알아요. 저는 다시는 학교에 갈 수 없을 거예요."

선생님은 그때 이런 말을 했다고 합니다.

"그래, 너는 학교에 다시 올 수 없을지 몰라. 그러나 천국에 갈 수 있어. 천국에는 예수님이 계시는데, 그 예수님이 사람들의 이름을 부른단다. 선생님에게 간절한 소원이 한 가지 있는데, 천국에서 예수님이 네 이름을 부를 때 네가 '예수님, 나 여기 왔어요'라고 대답할 수 있었으면 하는 거야."

그러니까 테디가 "선생님, 저는 예수님을 잘 몰라요"라고 합니다.

가장 아름다운 수고

그래서 선생님은 테디를 옆에 앉혀놓고 성경을 펼쳤습니다. 그리고 테디에게 복음을 들려주었습니다. 주님이 우리를 얼마나 사랑하시는지, 그리고 그분이 우리 죄를 담당하기 위해 십자가에서 보배로운 피를 흘리시고 장사되어 사흘 만에 부활하셔서 우리의 생명이 되어주셨기에 그분을 영접하면 죄를 사함받고 하나님의 자녀가 되어 천국에 값없이 갈 수 있다고 말해주었습니다. 그 날 테디는 선생님과 함께 예수 그리스도를 구세주와 주님으로 영접했습니다. 테디가 구원을 받는 날이었습니다.

그리고 얼마 후 탐슨 선생님이 학교에서 수업을 진행하고 있는데 테디 아빠에게서 전화가 왔습니다. 테디가 마지막을 맞이하고 있다면서 빨리 와달라는 전화였습니다. 선생님은 모든 것을 제쳐두고 병원으로 달려갔습니다. 알콜 중독자 아빠가 거기 있었습니다. 집 나갔던 엄마도 있었고, 형제들도 있었습니다. 선생님은 조용히 다가가 테디의 손을 잡았습니다. 거의 의식이 없던 테디가 어느 한순간 갑자기 눈을 뜹니다. 그리고는 힘없이 입술을 움직이면서 작은 소리로 이렇게 말합니다.

"사랑하는 예수님, 나 여기 왔어요."

내가 사랑하는 사람이 예수 믿고 구원받아 하나님나라의 백성이 될 수 있도록 함으로써 주님께 한 영혼의 아름다운 열매를 돌려드리는 일, 세상에 이 수고보다 더 아름다운 수고가 어디 있습니까? 당신은 지상에서 가장 아름다운 이 사랑의 수고를 할 준비가 되어 있습니까?

1부 성령에 속한 사람의 인격 기초

2장 희락의 열매는 고통에도 불구하고 맺혀진다

"하나님과 주 예수 그리스도의 종 야고보는 흩어져 있는 열두 지파에게 문안하노라 내 형제들아 너희가 여러 가지 시험을 만나거든 온전히 기쁘게 여기라 이는 너희 믿음의 시련이 인내를 만들어내는 줄 너희가 앎이라 인내를 온전히 이루라 이는 너희로 온전하고 구비하여 조금도 부족함이 없게 하려 함이라 너희 중에 누구든지 지혜가 부족하거든 모든 사람에게 후히 주시고 꾸짖지 아니하시는 하나님께 구하라 그리하면 주시리라 오직 믿음으로 구하고 조금도 의심하지 말라 의심하는 자는 마치 바람에 밀려 요동하는 바다 물결 같으니 이런 사람은 무엇이든지 주께 얻기를 생각하지 말라 두 마음을 품어 모든 일에 정함이 없는 자로다"(약 1:1-8).

저는 골프를 치지 않는 김대중 대통령께서 얼마 전 골프의 보편화와 생활화를 시달하는 내용을 TV 뉴스를 통해 접한 일이 있습니다. 아마도 박세리나 슈퍼 땅콩 김미현 같은 여류 골퍼들의 활약이 이런 사회적 변화를 유도한 것이 아닌가 생각합니다.

저는 골프에 대해서는 문외한입니다. 다른 일 때문에 골프장 근처에 가본 일은 있지만 직접 골프 경기를 해본 적은 없습니다. 그래도 가끔 골프 게임이 방영될 때면 시청을 하곤 합니

다. 예전에는 골프라고 하면 끝없이 펼쳐진 초원에서 골프채를 들고 왔다갔다 하면서 공을 치는, 스트레스라고는 전혀 없는 아주 낭만적인 게임이라고 생각했습니다. 그런데 골프 게임을 가만히 관찰해보니까 골프 선수들도 스트레스가 많겠다는 생각이 들었습니다. 왜냐하면 공이 물 속에 빠지기도 하고 벙커

(골프 코스 중 모래가 들어 있는 우묵한 장애물)에 처박히기도 하니까 골퍼들이 그 공을 꺼내 목표에 근접한 지역까지 쳐올리려면 애를 많이 써야 하기 때문입니다.

공을 올리기 위해서 안간힘을 쓰는 골퍼들의 모습을 보면서 저는 골프를 하지 말아야겠다는 생각을 했습니다. 그렇지 않아도 스트레스가 많은 인생인데 골프공을 치면서까지 스트레스를 받을 필요는 없으니까요. 그러나 이런 스트레스가 있는데도 골프 인구가 자꾸 늘어나는 것은 아마도 골프가 우리네 인생과 닮은 구석이 있기 때문이 아닌가 합니다.

옵션이 아닌 '시험'

인생을 살다보면 어느 날 갑자기 물 속에 곤두박질하거나 모래 속에 처박히는 것 같은 갑작스런 어려움을 경험할 때가 있습니다. 2절에 보면 "내 형제들아 너희가 여러 가지 시험을 만나거든 온전히 기쁘게 여기라"고 합니다. 여기서 '여러 가지'라는 말은 '여러 색깔의, 다양한 종류의'라는 뜻입니다. 우리 인생에는 형형색색의 시험이 있습니다. 경제적 시험을 당하는 경우도 있고 인간관계에서 배신이나 오해를 당하는 경우도 있고 육체적인 질병으로 고통당하는 경우도 있습니다. 이렇듯 사람마다 겪는 시험은 다 다릅니다.

본문에 "여러 가지 시험을 만나거든"이라고 했는데, 이 '만나거든'이라는 단어가 원래 원문에는 '떨어지거든'이라는 의미로 되어 있습니다. 영어 번역에도 같은 의미의 'fall'이라는 단어가 사용되었습니다. 갑작스럽게 어려움을 당하게 되는 것을 의미하는 말입니다.

"여러 가지 시험을 만나거든"이라는 구절을 피상적으로 읽으면 '어떤 사람은 시험을 안 당하는데 혹 당신에게 시험을 당하는 일이 생기거든'이라는 뜻으로 이해할 수도 있습니다. 그러나 어떤 번역에도 '만일'(If)이라는 단어를 사용하지는 않았습니다. 대신 대부분의 번역이 '…할 때'(When)라는 단어를 씁니다. 시험은 선택이 아니라는 말입니다. 누구나 시험을 통과합니다. 중요한 것은 시험을 당했을 때 어떻게 반응하느냐 하는 것입니다.

본문 2절은 이렇게 말씀합니다.

"너희가 여러 가지 시험을 만나거든 온전히 기쁘게 여기라."

이 말씀을 대할 때 우리들 대부분은 "아니, 어떻게 시험을 기뻐한단 말입니까?" 하고 반응할 것입니다. 도대체 어떻게 시험을 기뻐할 수가 있습니까? 결론적으로 말하면, 그것은 인위적으로는 불가능하며 오직 성령의 역사를 통해서만 가능합니다.

갈라디아서 5장 22절에 보면, 바울 사도는 성령의 열매로서 사랑 다음으로 희락을 들고 있습니다. 희락이란 기쁨을 의미합니다. 성경은 우리가 환난이나 역경중에서도 성령의 역사를 통해서 기쁨의 열매를 맺을 수 있다고 가르칩니다. 로마서 5장 3,4절을 보십시오.

"우리가 환난중에도 즐거워하나니 이는 환난은 인내를, 인내는 연단을, 연단은 소망을 이루는 줄 앎이로다."

환난은 궁극적으로 소망을 실현할 수 있다고 성경은 가르칩니다. 그런데 그 다음 절을 보면 "소망이 부끄럽게 아니함은 우리에게 주신 성령으로 말미암아 하나님의 사랑이 우리 마음에 부은 바 됨이니"라고 되어 있습니다. 다시 말하면, 환난 속에서 우리가 기뻐할 수 있는 이유는 환난이 궁극적으로 소망을 실현하기 때문인데 그것은 성령의 역사 때문에 가능하다는 말입니다.

세계적으로 유명한 유태인 심리학자인 빅터 프랭클 박사는 나치 독일 치하에서 말할 수 없는 고문과 핍박을 받았습니다. 그럼에도 불구하고 그는 마음의 평정을 잃지 않았고, 생사의 갈림길을 잘 통과할 수가 있었습니다. 전쟁이 끝난 후에 누군가 그에게 이런 질문을 던졌습니다.

"선생님, 말할 수 없는 고문과 핍박을 받으면서도 인간다운 모습을 잃지 않고 결국은 그 모든 시련을 이겨낼 수 있었던 비결이 무엇입니까?"

이에 프랭클 박사는 이렇게 대답했습니다.

"나는 그 고통이 나에게 줄 유익을 끊임없이 생각했고, 그 유익이 어떤 희망으로 나타날 것인가를 계속 바라보았습니다. 그런 까닭에 나는 좀더 연단된 자세를 가질 수 있었고, 최악의 상태에서 적응하는 사람들의 모습을 관찰할 수 있었습니다. 의미와 희망을 붙든 사람들이 고통 속에서 얼마나 잘 견뎌내는지 전쟁이 끝난 후에 사람들에게 말해주고 싶었습니다. 나는 신(神)에게 그 희망을 보여달라고 기도했고 그 희망을 주야로 묵상했습니다. 그 희망이 나로 하여금 이 고통 속에서 생존하게 만든 비밀이었습니다."

그렇습니다. 만약 우리가 환난중에서도 그것의 유익을 묵상할 수 있다면 우리는 시험 당하는 중에도 기뻐할 수 있습니다. 그렇다면 시험은 우리에게 어떤 유익을 줄까요?

믿음의 테스트

시험이 우리에게 주는 첫째 유익은 그것이 우리를 믿음의 사람으로 성숙시킨다는 것입니다. 본문 3절 말씀을 보십시오.

"이는 너희 믿음의 시련이 인내를 만들어내는 줄 너희가 앎이라."

2절에서는 '시험'이라는 단어가 나왔는데 3절에서는 그 시험을 '믿음의 시련'이라는 말로 표현합니다. 시련은 다른 말로 하면 '테스트'(test)입니다. 야고보 기자는 시험을 '믿음의 테스트'라고 말합니다.

우리는 다 학창 시절의 추억을 간직하고 있습니다. 그런데 우리 중에 학교 다닐 때 시험 치르는 것을 즐긴 사람이 과연 있을까요?

"나는 시험 보는 게 너무 좋아. 빨리 시험 보는 날이 왔으면 좋겠어."

이렇게 시험을 즐거워하고 기다리는 사람이 있다면 아마도 그 사람은 제정신이 아닐 것입니다. 아무도 시험을 즐기지는 않습니다. 그러나 우리 중에 어느 누구도 시험이 필요없다고 생각하지는 않습니다. 왜 그렇습니까? 시험을 치름으로써 자신의 실력을 객관적으로 평가하고 분석하게 되고, 약한 부분을 보충함으로써 실력을 향상시킬 수 있기 때문입니다. 믿음의 테스트를 받을 때도 마찬가지 결과가 나타납니다. 즉, 우리의 연약함이 드러나고 결국은 믿음의 실력이 향상됩니다.

우리가 예수 믿고 하나님의 자녀가 되었을 때 하나님은 한 가지 선물을 주시는데, 그 선물이 바로 믿음입니다. 에베소서 2장 8절에 "너희가 그 은혜를 인하여 믿음으로 말미암아 구원을 얻었나니 이것이 너희에게서 난 것이 아니요 하나님의 선물이라"고 했습니다. 우리가 자신의 죄를 깨닫고 하나님 앞에 나아와 십자가를 바라보았을 때 하나님은 그 순간부터 우리에게 믿음을 선물로 주십니다. 그러나 우리가 가진 믿음은 아직 시험을 거치지 않은, 연단되지 않은 믿음일 수 있습니다. 우리의 믿음이 더 견고해지기 위해서는 반드시 테스트를 통과해야 합니다.

이 믿음의 테스트를 받지 않은 하나님의 백성들은 없습니다. 1세기의 그리스도인들도 격렬한 믿음의 테스트를 통과했습니다. 본문은 이렇게 시작합니다.

"하나님과 주 예수 그리스도의 종 야고보는 흩어져 있는 열두 지파에게 문안하노라"(1절).

이스라엘 백성들에 대한 별명 가운데 하나가 '흩어진 백성들'(디아스포라)이라는 것입니다. 그러나 '디아스포라'란 단순히 이스라엘 백성들이 지리적으로 여러 나라에 흩어져 살게 되었다는 평면적인 의미만은 아닙니다. 그들은 고난 때문에 흩어진 것입니다. 그리고 흩어져서 고난을 받았습니다. '흩어진 백성들'이란 '고난받는 백성들'이라는 의미입니다. 야고보는 고난받는 백성들에게 이 편지를 쓴다고 했습니다.

신약의 서신서를 연구해보면 야고보서와 매우 비슷한 구조로 시작하는 서신서가 하나 있는데, 바로 베드로전서입니다. 우선 첫머리가 비슷합니다. 여기 야고보서 1장 1절에서는 "흩어져 있는 열두 지파에게 문안하노라"고 했는데, 베드로전서 1장 1절도 "흩어진 나그네"에게 편지한다고 씌어져 있습니다. 또 베드로전서 1장 7절을 보면 "너희 믿음의 시련이 불로 연단하여도 없어질 금보다 더 귀하여 예수 그리스도의 나타나실 때에 칭찬과 영광과 존귀를 얻게 하려 함이라"고 했는데, 본문 3절에 나오는 '믿음의 시련'이라는 말이 똑같이 나옵니다.

믿음의 테스트를 받는 것은 마치 금이 불을 통과하는 것과 같습니다. 금은 불을 통과하면서 더 순수한 금이 됩니다. 우리의 인생도 믿음의 테스트를 통과하면서 그 신앙이 더 순수하고 보배롭게 자라갑니다.

강한 신앙의 사람으로

그러면 성경 인물 중에서 믿음의 테스트를 받은 사람을 생각해보십시오. 누가 제일 먼저 떠오릅니까? 우선 믿음의 조상인 아브라함 할아버지를 생각해보겠습니다.

하나님이 아브라함에게 주신 약속이 무엇입니까?

"내가 너로 큰 민족을 이루고 네게 복을 주어 네 이름을 창대케 하리니 너는 복의 근원이 될지라"(창 12:2).

"하늘을 우러러 뭇별을 셀 수 있나 보라 … 네 자손이 이와 같으리라"(창 15:5).

아브라함을 향한 하나님의 축복은 자손들과 연결되어 있습니다.

그런데 아브라함이 쉽게 자손을 얻었습니까? 전혀 그렇지 않았습니다. 하나님의 약속이 분명하게 선포되었음에도 불구하고 아브라함은 100세가 다 되어가도록 아들을 얻지 못했습니다. 거의 절망적이었습니다. 그런데 극적으로 아들이 탄생합니다. 그 아들이 바로 이삭입니다. 기적적으로 이 아들을 얻고 아버지는 얼마나 기뻤을까요? 얼마나 흥분했을까요? 아브라함은 아들 주신 것이 너무도 감사해서 그 아들에 푹 빠져서 살았습니다.

그런데 창세기를 보면 어느 날 하나님이 아브라함을 부르면서 이렇게 말씀하시는 것을 볼 수 있습니다.

"네 아들 네 사랑하는 독자 이삭을 데리고 모리아 땅으로 가서 내가 네게 지시하는 한 산 거기서 그를 번제로 드리라"(창 22:2).

이것은 아들을 죽이라는 말입니다. 얼마나 큰 충격이었을까요? 아니, 주실 때는 언제고 이제 와서 죽이라니 이게 웬 말입니까? 아브라함은 밤잠을 못 이루고 심히 고민했을 것입니다.

여러 가지 생각이 스쳐갔을 것입니다. 드디어 아브라함이 결심합니다.

'하나님의 뜻이 있겠지. 아마 다시 돌려주실지도 몰라. 아니면 다른 아들을 주실지도 모르고…. 좌우간 하나님이 주셨으니 도로 데리고 가시겠다고 해도 할 말이 없지. 하나님께 순종해야지.'

아브라함이 자신의 이성(理性)으로는 도저히 설명할 수 없는 이 명령 앞에서 전능하신 하나님을 믿고 그 아들을 제단 위에 올려놓는 순간, 하나님이 어떻게 말씀하십니까?

"스톱(stop)! 내가 네 마음을 알았다."

그렇다면 하나님이 왜 아브라함에게 이런 시험을 하셨을까요? 이유는 단 하나입니다. 아브라함의 믿음을 견고히 하려는 것입니다. 아브라함이 이 시험을 통과한 후에 어떠했을까요? 아마 그는 하나님을 더 깊이 신뢰하면서 흔들림 없는 강한 신앙을 갖게 되었을 것입니다.

본문 6절에도 "오직 믿음으로 구하고 조금도 의심하지 말라 의심하는 자는 마치 바람에 밀려 요동하는 바다 물결 같으니"라고 말씀하면서 믿음의 사람이 되는 것의 중요성을 강조합니다. 그렇습니다. 시험은 아프고 고통스러운 것입니다. 그렇기 때문에 아무도 시험을 즐길 수는 없습니다. 그러나 이 시험을 통과하고 나서 내가 하나님이 기뻐하시는 믿음의 사람이 된다고 확신할 수 있다면, 이 시험은 견딜 만하지 않겠습니까? 그리고 시험중에 기뻐할 수 있지 않겠습니까?

인내의 사람으로

시험이 우리에게 주는 둘째 유익은 우리를 인내의 사람이 되도록 한다는 것입니다. 시험이 왔을 때 우리가 어쩔 도리 없이 해야만 하는 일이 하나 있습니다. 참는 것입니다. 어느 때는 다른 일은 하나도 할 필요 없고 그냥 견디는 수밖에 없는 경우도 있습니다. 그런데 이 견디는 것이 중요합니다. 본문은 어떻게 가르칩니까? 4절을 보십시오.

"인내를 온전히 이루라 이는 너희로 온전하고 구비하여 조금도 부족함이 없게 하려 함이라."

'인내'라는 말은 헬라어로 '휘포모네'인데, '휘포'(…아래서)와 '메노'(머문다)의 합성어입니다. 그러니까 원어에 입각해서 인내라는 말의 의미를 생각해보면, 인내는 우리를 짓누르는 고통스러운 환경에도 불구하고 계속 그 자리에 성실하게 머무는 것입니다. 사실 우리들 대부분은 시험을 만나면 인내하기보다는 회피하거나 서둘러서 일을 해결하려고 시도하다가 더 큰 고통을 당하기도 합니다.

앞에서 살펴보았던 아브라함의 사례를 다시 한번 생각해보겠습니다. 아브라함은 하나님으로부터 아들을 약속받았지만 쉽게 얻지 못했습니다. 이때 아브라함이 잘 참았습니까? 우리 믿음의 조상인 아브라함도 참지 못했던 때가 있었습니다. 오랜 시간을 기다려도 아들이 태어날 기미가 보이지 않자 아브라함은 나름대로 생각해보았습니다.

'하나님이 아마도 본처인 사라를 통해서가 아니라 다른 사람을 통해서 아들을 주시려나보다.'

이것은 명백한 자기 합리화입니다. 아브라함은 하나님의 약속에 대해서 인내하지 못하고, 사라의 계집종이던 하갈을 통해서 아들을 얻습니다. 그 아들이 바로 이스마엘입니다. 아브라함은 자신의 방법으로 아들을 얻는 데 성공했습니다. 그러나 하나님은 그 아들이 약속의 아들이 아니라고 하셨습니다. 때가 되자 하나님이 약속한 아들을 주셨습니다. 그 아들이 이삭입니다. 그후 이스마엘과 이삭 사이에 갈등이 생겨났고, 지금까지도 아랍과 이스라엘 민족간 갈등의 역사가 계속되고 있습니다. 아브라함이 참지 못했기 때문입니다.

제가 이스라엘 민족의 민담집에서 아브라함에 관련된 이야기를 읽은 적이 있는데, 여기 소개하고자 합니다. 어느 날 저녁 무렵, 아브라함이 텐트 밖에 앉아 있는데 저 앞에서 80세도

넘어보이는 노인 하나가 아주 남루한 옷차림으로 다리를 절면서 다가옵니다. 얼굴이 초췌하고 비쩍 마른 모습이 며칠간 아무것도 먹지 못한 것 같았습니다. 그 노인이 아브라함에게 장막에서 하루 쉬어 가도 괜찮겠냐고 묻습니다. 하나님의 사람인 아브라함이 "예. 그러시죠" 하고는 그 노인을 안으로 모시고 들어와서 물로 노인의 발을 깨끗이 씻어주었습니다. 그리고 저녁식사를 대접했습니다. 그런데 이 노인이 기도도 안 하고 식사를 하지 뭡니까? 그래서 아브라함이 "노인장, 여호와 하나님을 모르십니까? 하나님께 감사기도 드리고 식사하셔야지요"라고 말했답니다. 그랬더니 이 노인이 "여호와 하나님이라니? 나는 음식이 내 하나님이요" 하더랍니다.

이에 아브라함이 열받았습니다. 그래서 "아니, 하나님을 그렇게 모독하실 수가 있습니까? 당장 나가시오. 나는 당신 같은 사람은 대접하고 싶지 않습니다" 하고 쫓아냈습니다. 그리고 그날 밤 아브라함이 잠자리에 들자 하나님이 꿈에 나타났습니다.

"아브라함아, 오늘 저녁에 네게 손님 하나가 찾아왔지?"

"예."

"그런데 왜 그 노인을 쫓아냈느냐?"

"열 받았잖아요. 하나님도 보셨죠. 하나님의 이름을 모독하고 음식이 자기 신(神)이라고 하면서 감사기도도 안 하고 식사하니까 제가 쫓아냈지요."

그때 하나님이 이렇게 말씀하셨습니다.

"아브라함아, 나는 그 노인을 80년이나 참았는데, 너는 하룻밤, 한 시도 참을 수가 없었느냐?"

하나님은 아브라함과 약속하실 때 자기보다 더 높은 권위가 없기 때문에 스스로를 향해 맹세하셨습니다.

"내가 반드시 너를 복 주고 복 주며 너를 번성케 하고 번성케 하리라"(히 6:14)고 말씀하십니다. 그리고 그 다음 절인 히브리서 6장 15절에는 이런 말씀이 기록되어 있습니다.

"저가 이같이 오래 참아 약속을 받았느니라."

아브라함도 참지 못했던 순간이 있었습니다. 그러나 그는 마침내 참는 것을 배웠습니다. 결국 아브라함은 오래 참아 하나님의 약속을 받아 누리는 것을 배울 수 있었습니다.

성경은 하나님을 오래 참으시는 하나님이라고 말씀합니다. 우리가 오래 참을 때 하나님의 인격을 닮아갑니다. 다시 한번 야고보서 1장 4절을 보십시오.

"인내를 온전히 이루라 이는 너희로 온전하고 구비하여 조금도 부족함이 없게 하려 함이라."

우리가 인내의 사람이 될 때 하나님이 기뻐하시는 온전하고 성숙한 사람이 된다고 성경은 가르칩니다. 시험은 아프고 고통스럽습니다. 그러나 이 시험을 인내함으로써 우리가 인격적으로 성숙한 사람이 된다면, 우리는 이 고통 가운데서도 조용히 말할 수 있습니다.

"주님, 그러면 제가 기뻐할게요. 아프지만 기뻐할게요."

지혜의 사람으로

시험의 셋째 유익은 그것이 우리로 지혜의 사람이 되게 한다는 것입니다. 시험 치르기를 싫어하는 학생치고 성적 좋은 학생을 본 적이 있습니까? 아마 없을 것입니다. 그러면 시험을 제대로 치르려면 무엇을 해야 될까요? 물론 공부해야지요. 그러나 그리스도인들은 공부하면서 또 기도해야 합니다. 어떤 기도를 해야 할까요? 시험지를 앞에 둔 학생이 이렇게 기도한다고 상상해보십시오.

"하나님, 이 시험을 안 치를 수 있도록 도와주시옵소서."

시험지를 앞에 놓고 시험 안 치르게 해달라고 하면 어떻게 합니까? 이것은 전혀 바람직한 기도가 아닙니다. 하나님은 우리가 시험에서 도피하는 것을 원치 않으십니다.

그렇다면 시험지를 앞에 놓고 어떤 기도를 해야 할까요? "하나님, 이 시험을 잘 치르게 도와주시옵소서. 지혜를 주시옵소서" 해야 하지 않겠습니까? 그것이 본문 5절 말씀입니다.

"너희 중에 누구든지 지혜가 부족하거든 모든 사람에게 후히 주시고 꾸짖지 아니하시는 하나님께 구하라 그리하면 주시리라."

하나님은 우리가 지혜를 구할 때 너무너무 기뻐하며 지혜를 주신다는 말씀입니다.

성경에서 지혜를 구하여 수지맞은 사람 하면 누가 생각납니까? 솔로몬입니다. 하나님이 솔로몬에게 한 가지만 구하라고 했을 때, 그는 백성들을 잘 섬기고 다스릴 수 있도록 지혜를 구했습니다. 그러자 하나님이 너무너무 기뻐하시면서 지혜만 아니라 명예도, 존귀도, 장수함도 주겠다고 하셨습니다. 하나님이 기뻐하시는 기도는 지혜를 구하는 기도입니다.

지혜란 무엇입니까? 저는 지혜는 지식과 다르다고 생각합니다. 지식은 책에서 얻을 수 있습니다. 그러나 지혜는 책에서가 아니라 삶을 통해서 얻을 수 있습니다. 지혜는 경험을 통해서 체득되는 것입니다. 그런데 경험하지 않고도 지혜를 얻을 수 있는 방법이 있습니다. 그것이 기도입니다. 기도를 통해서 우리는 지혜를 얻을 수가 있습니다. 하나님께 영광을 돌리고 타인과 나에게 유익이 되는 삶을 살 수 있도록 바르게 판단하고 결정하는 지혜, 얼마나 소중합니까? 그런데 오늘날 성경은 이 지혜를 구하라고 말씀합니다. 그리고 구하면 주시겠다고 말씀합니다.

하나님이 지혜를 주실 때 우리는 그 지혜로 시험을 뚫고 나갈 것입니다. 그리고 그 시험을 통과했을 때 우리는 주님 앞에 더욱 지혜로운 사람으로 서게 될 것입니다. 이것은 얼마나 놀라운 축복입니까? 초대 그리스도인들은 이런 축복을 체험했고, 특별히 야고보서를 기록한 야고보가 그런 경험을 했다고 생각합니다.

성경에 여러 야고보가 나오는데, 가장 보편적인 설에 따르면 야고보서를 기록한 사람은 예수님의 육신의 동생 야고보라고 합니다. 그는 처음에는 예수를 안 믿다가 나중에 회개하고 예수 그리스도의 충성스러운 제자가 되어, 예루살렘교회의 감독으로서 수난기의 초대 기독교를 이끌어가는 탁월한 지도자가 되었다고 합니다.

그가 참으로 지혜로운 사람이었다는 사실을 어디서 발견할 수 있습니까? 본문 1절을 보십시오. 야고보는 "하나님과 주 예수 그리스도의 종 야고보"라고 자신을 소개합니다. 그가 "예수 그리스도의 동생 야고보"라고 자신을 소개하지 않고 겸허하게 "그리스도의 종"이라고 표현한 것은 참 지혜로운 일입니다. 그렇다면 야고보의 지혜는 어디서 나왔을까요? 교회 역사를 살펴보면 야고보에게 '낙타 무릎을 가진 사나이'라는 별명이 붙었음을 알 수 있습니다. 그만큼 그가 기도에 힘썼다는 것입니다. 그는 기도하면서 하나님의 지혜를 얻었고, 그 지혜로 수난기의 초대 기독교를 이끌어가는 탁월한 지도력을 발휘했습니다.

제가 미국에서 살 때 운전을 하고 가다가 자동차 뒤에 붙어 있는 재미있는 스티커를 하나 본 적이 있습니다.

"인생이 당신에게 레몬을 줄 때, 그 신 레몬을 맛있는 레몬차로 만들어라."

우리가 쓰고 고달픈 인생의 고통을 경험할 때 그것을 아름다운 인생의 경험으로 승화시킬 수 있는 방법이 있습니다. 그것은 고통 속에서 기도함으로써 지혜를 구하는 것입니다. 그 지혜로 인생의 소중한 교훈을 배울 때, 우리는 그 시험이 지나간 후에 더욱 지혜로운 사람으로 주님 앞에 서게 될 것입니다.

부서진 흙이어야 하리

시험의 폭풍우 속을 지날 때 우리가 다음 두 가지를 잊지 않고 기억했으면 좋겠습니다. 시험을 통해서 받아야 할 교훈이 무엇인지 제대로 배우자는 것입니다. 로버트 브라우닝 해밀턴이라는 그리스도인 시인이 이런 시를 썼습니다.

> 나는 쾌락과 함께 1마일을 걸었다네
> 그녀는 계속 떠들며 말했지
> 그러나 그녀가 떠나간 다음
> 나는 아무것도 배우지 못했다네
> 나는 또한 슬픔과 함께 1마일을 걸었다네
> 그녀는 아무 말도 하지 않았지
> 그러나 그녀가 떠나간 다음
> 나는 참으로 많은 것을 배웠다네.

우리는 쾌락의 잔치 속에서는 아무것도 배우지 못합니다. 그러나 때로 고통과 슬픔 속에서 인생의 소중한 교훈들을 배울 수 있습니다. 그 교훈을 배워야 합니다. 그러면 고통을 이길 수 있습니다.

둘째, 우리가 기도하면서 그 속에서 하나님의 손길을 체험할 필요가 있다는 사실입니다. 헨리 나우웬이 쓴 책 가운데 다음과 같은 얘기가 나옵니다.

성자(聖者)처럼 존경받는 나이 많은 한 수도사가 정원에서 흙을 고르고 있었습니다. 그때 그 수도원에 들어온 지 얼마 되지 않는 조금은 교만한 젊은 수도사가 그에게 다가옵니다. 경험 많은 수도사는 후배 수도사에게 이렇게 말합니다.

"자네, 이 단단한 흙 위에다 물을 좀 부어주겠나?"

젊은 수도사가 물을 부었습니다. 그러자 물은 옆으로 다 흘러나가고 맙니다. "물이 이 흙 속으로 스며들지 못하는구먼. 그렇지?" 그러더니 이 나이 많은 수도사는 옆에 있는 망치를 들고 단단한 흙덩어리를 깨기 시작했습니다. 그는 산산조각으로 부서진 흙을 모아놓고 젊은 수도사에게 다시 한번 물을 부어보라고 말합니다. 물은 잘 스며들었고 부서진 흙을 뭉쳐가기 시작했습니다. 그 광경을 보면서 그는 이렇게 말합니다.

"이제야 흙 속에 물이 잘 스며드는구먼. 여기에 씨가 뿌려진다면 그 씨는 반드시 꽃을 피우고 열매를 맺을 것이야. 우리 역시 마찬가지야. 우리가 깨어져야 하나님은 거기에 물을 주실 수가 있고, 그럴 때 씨가 떨어지고 꽃이 피고 열매가 맺힐 수 있는 거지. 우리 수도사들은 이것을 '깨어짐의 영성'이라고 얘기한다네."

교만한 가슴속에는 하나님이 역사하실 수가 없습니다. 그래서 때때로 하나님은 우리를 깨뜨리십니다. 깨지고 부서질 때 아프고 고통스럽지만 "하나님, 나를 만지세요. 하나님, 나를 다루어주세요. 내가 교훈을 받겠어요. 하나님이 기뻐하시는 사람이 되겠어요"라고 고백하며 그 고통 속에서 일어나는 사람, 그가 결국에는 믿음의 사람, 인내의 사람, 지혜의 사람으로 서게 될 것입니다.

고통을 통해서 하나님이 기뻐하시는 이런 사람이 되었을 때, 그 모습은 얼마나 아름다울까요? 그의 인생에서 피어나는 화려하고 의미 있는 꽃과 열매, 우리는 이 열매를 기쁨(희락)의 열매라고 부릅니다. 이 기쁨의 열매를 소망하지 않으십니까?

1부 성령에 속한 사람의 인격 기초

3장 화평은 기도의 깊은 바다 속에 있다

"주 안에서 항상 기뻐하라 내가 다시 말하노니 기뻐하라 너희 관용을 모든 사람에게 알게 하라 주께서 가까우시니라 아무것도 염려하지 말고 오직 모든 일에 기도와 간구로 너희 구할 것을 감사함으로 하나님께 아뢰라 그리하면 모든 지각에 뛰어난 하나님의 평강이 그리스도 예수 안에서 너희 마음과 생각을 지키시리라"(빌 4:4-7).

한국 사람들은 보통 "안녕하세요?"라고 인사를 합니다. 제가 어렸을 때만 해도 주로 "진지 잡수셨어요?"라고 인사를 했는데, 이는 보릿고개를 넘기느라 겪는 배고픔과 어려움을 상징적으로 표현하는 인사말이었던 듯합니다. 어쩌면 "안녕하십니까?"라는 인사도 안녕할 수 없었던 우리 민족의 과거사를 반영하는 인사말이 아닌가 하는 생각이 듭니다.

이렇게 우리처럼 그 시대 형편을 반영하는 인사말을 가진 민족이 또 하나 있습니다. 바로 이스라엘 민족입니다. 그들은 예수님 당시나 지금이나 똑같이 "샬롬"(당신에게 평안이 있기를)이라는 인사를 주고받습니다. 끊임없이 외세의 침략을 받

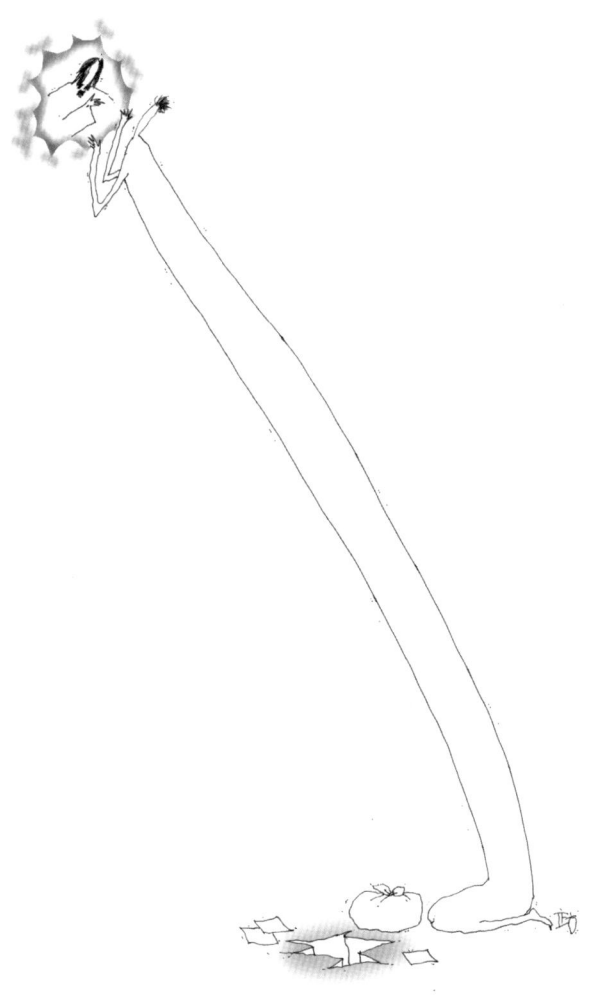

으면서 살아왔기 때문에 이스라엘에게 평화는 민족의 한(恨)이자 열망이었을 것입니다.

그런데 우리가 성경을 읽어보면 그리스도인들이 열망해야 할 삶이 바로 '평화의 삶'이라고 말씀합니다. 뿐만 아니라 내면적으로 추구해야 할 가장 이상적인 상태를 '평화'라고 가르칩니다. 이 '평화'가 갈라디아서 5장 22절에 나오는 성령의 세 번째 열매인 '화평'입니다.

성경에 나타난 평화에 관한 모든 가르침은 다음과 같이 요약할 수 있습니다. 즉, 하나님은 평화의 하나님입니다. 우리가 그 하나님을 의뢰하고 신뢰할 때, 우리는 하나님과 화목하게 되며 그것이 바로 신앙생활의 시작입니다. 그리고 하나님과 화목한 관계에 들어간 사람들에게 하나님께서 주시는 선물이 한 가지 있는데, 그것이 바로 '하나님의 평화'입니다. 자신 안에 이 하나님의 평화를 간직한 사람들은 이웃과 더불어 화평하고 이 세상을 평화롭게 만들어갈 수 있습니다.

그런데 우리가 하나님 앞에 나왔을 때 선물로 받는 이 '하나님의 평화'는 가만히 있어도 항상 똑같은 상태로 유지되는 것이 아닙니다. 다시 말해서, 우리가 얼마나 하나님과 교제하느냐에 따라서 이 평화는 지켜질 수도 있고 흔들릴 수도 있습니다. 본문 7절에 '그리하면'이라고 했는데, 이것은 "우리가 하나님과 깊이 교제하고 진지한 기도의 삶을 살면"이라는 뜻입니다. 그렇게 했을 때 하나님이 우리에게 이런 약속을 하십니다.

"모든 지각에 뛰어난 하나님의 평강이 그리스도 예수 안에서 너희 마음과 생각을 지키시리라."

여기서 지각은 '이해'입니다. 그러니까 우리의 이해를 초월한 하나님의 평화가 우리의 마음과 생각을 지켜주신다는 말씀입니다.

이런 평화를 경험하게 되면, 우리를 둘러싸고 있는 환경의 폭풍우가 아무리 거세더라도 우리는 견고한 내적 평화를 누릴 수가 있습니다. 그러나 거기서 끝나서는 안 됩니다. 우리 안에 있는 내적인 평화가 우리를 '평화의 사람'으로 만들어갈 수 있도록 해야 합니다. 평화의 사람이라는 인격의 열매를 맺기 위해서 우리가 추구해야 할 삶은 어떤 것입니까?

인생의 핸들을 주님께

우리가 진정한 평화의 사람이 되기 위해서는 첫째로 '주 안에서 기뻐하는 것'을 배워야 합니다. 본문 4절을 보십시오.

"주 안에서 항상 기뻐하라 내가 다시 말하노니 기뻐하라."

만일 어쩌다가 한 번씩 기뻐하라고 했다면, 이 말씀이 별로 부담스럽지 않을 것입니다. 그런데 본문은 '항상' 기뻐하라고 했습니다. 어떻게 우리가 항상 기뻐할 수 있단 말입니까? 만일 우리가 환경에 의존하는 삶을 산다면 이 말씀은 도저히 순종할 수 없을 것입니다. 우리들 대부분은 좋은 환경에서는 기뻐할 수 있지만 어려운 환경에서는 기뻐할 수가 없습니다. 따라서 이 말씀은 환경에 의존하는 삶의 모습이 아닙니다.

쉴새없이 변하는 환경에도 불구하고 항상 기뻐할 수 있기 위해서는 중요한 전제 조건이 하나 있습니다. 항상 기뻐하라는 말씀 앞에 어떤 단서가 있는지 주목하십시오.

"주 안에서."

이제 본문이 시작되는 빌립보서 4장 1절을 다시 보십시오.

"그러므로 나의 사랑하고 사모하는 형제들, 나의 기쁨이요 면류관인 사랑하는 자들아 이와 같이 주 안에 서라."

여기서도 '주 안에 서라'는 말씀이 나오는데, 주님과의 바른 관계를 강조한 것입니다. 우리가 항상 기뻐하는 삶을 살려면 먼저 주님과 바른 관계를 맺고 있어야 합니다.

내가 예수 그리스도를 구세주와 주님으로 영접하고, 한 걸음 더 나아가서 정말 예수 그리스도의 주인 되심을 인정하고 그분을 높이는 삶을 살고자 할 때 항상 기뻐할 수 있다는 말입니다. 항상 기뻐하는 삶을 사는 사람은 환경을 바라보는 것이 아니라 주님을 바라봅니다. 나를 구원하시고 인도하시는 주님께 내 삶의 초점이 맞춰질 때 우리는 그 주님 때문에 항상 기뻐할 수 있습니다. 사도 바울이 갈라디아서 5장 22절에서 성령의 열매에 대해 말할 때 그에 앞서서 강조된 명령이 한 가지 있습니다. 16절을 보십시오.

"내가 이르노니 너희는 성령을 좇아 행하라"(갈 5:16).

다시 말하면, 성령을 좇아서 순종하며 살면 성령의 열매는 저절로 맺힌다는 것입니다.

그렇다면 성령을 좇아 행하는 삶이란 무엇입니까? 성령은 항상 우리로 그리스도를 바라보게 하고 그리스도를 증거합니다. 그 성령을 따라서 우리가 예수님을 높여드리고 예수님이 우리 인생의 주인이심을 끊임없이 인정하는 삶을 살게 될 때, 성령의 열매는 자동적으로 맺혀질 수밖에 없습니다.

어떤 화가가 자녀들을 데리고 그림을 그리고 있었습니다.

"내가 그림을 그릴 테니 너희들은 잘 봐라. 오늘 그림의 주제는 평화다."

그는 붓을 들어 스케치를 시작합니다. 먼저 바다를 그리기 시작했습니다. 그런데 잔잔한 바다가 아니라 거센 파도가 일렁거리는 험난한 바다를 그리는 게 아닙니까?

화가의 어린 딸이 고개를 갸우뚱하면서 묻습니다.

"아빠, 그거 평화 아니잖아."

아빠는 잠시 기다려보라고 한 뒤 다시 배 한 척을 그리기 시작합니다. 무서운 파도가 일렁이는 바다 위에 떠 있는 배 역시 금방이라도 뒤집힐 것처럼 위태로운 모습입니다. 그러자 또 딸이 묻습니다.

"아빠, 배도 불안하잖아."

아빠는 조금 기다리라고 말하고는 다시 붓을 들어 그림을 그리기 시작합니다. 이번에는 그 기울어진 배에 타고 있는 승객들의 모습을 그렸는데, 놀랍게도 그들은 하나같이 아주 평화스러운 모습이었습니다.

그러자 딸이 또 이야기합니다.

"아빠, 파도가 세게 일고 배도 기울었는데 어떻게 사람들이 저렇게 평안해?"

"조금만 기다려."

이제 화가는 배의 앞 부분에 위치한 선장실을 그리기 시작합니다. 그리고 그 배의 키를 잡고 있는 조타수의 모습을 그립니다. 아마도 선장이었을 것입니다. 이때 아빠가 그리는 선장의 모습을 가만히 보고 있던 딸이 갑자기 소리칩니다.

"알았다, 알았어! 저 배 안에 있는 사람들이 저렇게 평안할 수 있었던 건 예수님이 키를 잡고 계시기 때문이지?"

그렇습니다. 파도는 일렁거리고 있습니다. 우리 삶에는 끊임없이 도전과 시련이 계속되고 있습니다. 그러나 예수 그리스도를 우리 배의 선장으로 삼고 그분의 주권 앞에 순종하며 사는 사람들은 이 파도에도 불구하고 기뻐할 수 있습니다. 바로 이와 같은 사람들에게 진정한 내적 평안의 삶이 허락됩니다. 찬송가 462장 가사를 잘 음미해보시기 바랍니다.

> 큰 물결이 설레는 어둔 바다
> 저 등대의 불빛도 희미한데
> 이 풍랑에 배 저어 항해하는
> 주 예수님 이 배의 사공이라
> 나 두렴 없네 두렴 없도다
> 주 예수님 늘 깨어 계시도다
> 이 흉흉한 바다를 다 지나면
> 저 소망의 나라에 이르리라.

주께서 가까우시므로

둘째로, 우리 삶이 진정 화평의 삶이 되기 위해서는 모든 사람들에게 관용하는 것을 배워야 합니다. 본문 5절을 보십시오.

"너희 관용을 모든 사람에게 알게 하라 주께서 가까우시니라."

우리가 삶의 현장에서 가장 쉽게 마음의 평안을 잃어버리는 때가 언제입니까? 인간관계에 어려움이 생길 때가 아니겠습니까? 이런 인간관계의 긴장은 누구와의 관계에서나 일어날 수 있습니다. 아무리 친했던 사람이나 부부 사이에서도 인간관계의 긴장과 상처가 생길 가능성은 항상 존재합니다. 그리스도인들 사이에서도 마찬가지입니다. 우리 안에 있는 죄성(罪性)과 연약함 때문에 그렇습니다.

빌립보서는 바울이 로마 감옥에서 쓴 것으로, 자신이 전도하고 개척했던 빌립보교회 성도들에게 보낸 편지입니다. 그가 이 편지를 쓰는 이유 중 하나는 아마도 빌립보교회 안에 인간관계의 긴장이 있다는 말을 들었기 때문일 것입니다. 본문 2절을 보면 그것을 알 수 있습니다.

"내가 유오디아를 권하고 순두게를 권하노니 주 안에서 같은 마음을 품으라."

여기 등장하는 '유오디아'와 '순두게'는 다 여자 이름입니다. 여자들이 정서적으로 더 민감하기 때문에 더 쉽게 상처를 받을 수 있고 또 그 상처를 더 오랫동안 간직할 수 있습니다. 아마도 빌립보교회의 중추적인 역할을 했을 이 두 사람 사이에 같은 마음을 품을 수 없게 한 어떤 긴장과 갈등이 있었던 모양입니다. 그래서 바울은 그 두 사람에게 주 안에서 같은 마음을 품으라고 말합니다.

그러나 거기에서 끝나지 않습니다. 본문 5절에 보면 두 사

람에게 똑같이 모든 사람에게 관용을 베풀라고 권합니다. 우리가 관용을 베풀어야 할 대상은 모든 사람입니다. 어떤 사람도 이 긴장 관계에서 예외일 수 없습니다. 누구와의 관계에서도 우리는 상처받을 수 있습니다. 따라서 우리가 화평의 삶을 추구하려면 모든 사람에게 관용을 베푸는 것을 배울 줄 알아야 합니다.

'관용'이란 무엇입니까? 성경학자들에 따르면 이 헬라어 단어(에피에이케스)는 번역이 아주 어려운 단어 중 하나라고 합니다. 그래서인지 영어성경을 봐도 매우 다양한 단어들로 번역된 것을 알 수 있습니다. 어떤 사람은 'yielding spirit'(더 큰 목적과 비전을 위해서 자기 의견을 포기하고 양보하는 자세)이라고 했고, 어떤 사람은 'gentle spirit'(상대방이 나를 어떻게 대하든 상관없이 그에게 부드럽게 대하는 자세)이라고 번역했습니다. 또 어떤 경우는 'forgiving spirit'(상대방의 허물과 약점을 알고도 그것을 덮고 용서하는 자세)이라고 번역하기도 합니다. 저는 너그럽게 받아들인다는 의미의

'관용'이라는 우리말 번역이 좋습니다.

그렇다면 우리가 모든 사람에게 관용을 알게 해야 할 이유가 무엇입니까? 본문에는 "주께서 가까우시니라"고 했는데, 이것은 주님이 오실 때가 가깝기 때문이라고 해석할 수도 있지만, 내가 주님 만날 시간이 가까워졌기 때문이라고 해석할 수도 있습니다. 하루하루 우리가 주님을 만나뵐 날이 가까워지고 있습니다.

이 땅에서의 삶을 마치고 주님 앞에 서서 그분과 얼굴과 얼굴을 맞대면하게 될 때 당신은 주님께 제일 먼저 무슨 얘기를 할 것 같습니까? "주님, 만나서 너무 반가워요!" 하시겠습니까? 저 같으면 주님을 똑바로 쳐다보지도 못할 것 같습니다. 그저 고개를 숙인 채 "주님, 주님 뵙고 나니까 너무너무 죄송해요. 제가 살아온 인생을 보니 참 부끄러워요. 제가 애는 썼지만 잘못 살았던 부분들이 너무 많거든요. 주님, 저를 용서하고 받아주세요. 제게 관용을 베풀어주세요"라고 말하게 될 것 같습니다.

그러면 주님은 틀림없이 저에게 이렇게 반문하실 것입니다.

"지금 이 순간 네가 나에게 기대하는 관용, 그 관용을 너는 세상에 살 때 이웃들에게 얼마나 베풀며 살아왔느냐? 내가 가르쳐준 기도에서도 말하지 않았느냐? '오늘날 우리에게 일용

할 양식을 주옵시고 우리가 우리에게 죄 지은 자를 사하여준 것같이 우리 죄를 사하여주옵시고.' 나에게 용서를 구하기 전에, 네가 이웃들에게 그들이 필요로 하는 용서를 베풀었는지 되돌아보렴."

우리는 모두 주님을 만날 때 그분께 용서를 구해야 할 것입니다. 그렇다면 지금 우리의 이웃에게 그 관용을 베풀며 살아야 합니다. 관용을 베푸는 삶이 없이는 평화의 삶을 추구할 수 없습니다.

염려 뚝, 평안 시작

셋째로, 우리가 정말 평화의 삶을 추구한다면 기도로 염려를 극복하는 법을 배워야 합니다. 본문 6절을 보십시오.

"아무것도 염려하지 말고 오직 모든 일에 기도와 간구로 너희 구할 것을 감사함으로 하나님께 아뢰라."

앞에서 저는 화평의 삶을 위협하는 가장 근본적인 장애 요인이 인간관계라는 것을 말씀드렸습니다. 그런데 인간관계 다음으로 우리의 화평을 위협하는 보편적인 요소가 또 한 가지 있는데 바로 염려입니다. 염려할 일들이 생기면 우리 마음에 평화가 흔들리지 않습니까? 헬라어에서 염려란 단어(메림나)는 본래 '마음이 나누어진다, 마음이 찢어진다'는 말에서 유래했습니다. 염려할수록 우리 마음은 더 많이 분열됩니다. 최악의 경우, 마음이 너무 많이 갈라져서 정신분열증에 걸릴 수도 있습니다.

염려는 이처럼 무섭고 파괴적인 것입니다. 그러나 염려는 염려한다고 해결되지 않습니다. 그러면 어떻게 해야 염려를 극복할 수 있습니까? 성경이 어떻게 가르치는지 보겠습니다. 6절에 보면 "아무것도 염려하지 말라"는 말이 처음에 나옵니다. 그러니까 염려를 극복하려면 우선 염려하던 것을 중단해야 합니다. 그리고 염려하는 모든 일들을 기도와 간구의 제목이 되게 하라고 했습니다. 영어성경(NIV)을 보면 그 의미가 더 생생하게 와닿습니다.

"Do not be anxious about anything, but in everything, by prayer and petition, with thanksgiving present your requests to God."

우리에게 걱정거리가 생겼다 하면, '아! 기도할 일이 생겼구나' 하고 기도하라는 것입니다.

어떤 기도입니까? "주님, 나 이런 문제 있어요" 하는 식의 일상적이고 형식적인 기도가 아닙니다. 그래서 성경은 그냥 기도만 강조한 것이 아니라 '기도와 간구'로 하나님께 아뢰라고 말씀합니다. 간구란 집중적으로 간절히 구하는 것을 말합니다. 내 마음의 염려가 나를 떠날 때까지, 하나님의 평강이 내 심령을 붙잡아주실 때까지 주님 앞에 엎드려 지속적으로 구하라는 말입니다.

그렇게 하면 어떤 일이 일어나는지 7절이 말해줍니다.

"그리하면 모든 지각에 뛰어난 하나님의 평강이 그리스도 예수 안에서 너희 마음과 생각을 지키시리라."

재미있는 것은, 우리가 기도하면 염려했던 모든 일이 사라진다거나 잘 해결된다고 약속하지 않았다는 사실입니다. 물론 생각지 못했던 놀라운 기적이 일어나서 문제가 깨끗이 해결될 수도 있습니다. 저는 그런 경우를 종종 봤습니다. 그러나 그것은 예외에 속합니다. 대개의 경우에는 기도했는데도 염려할 환경이나 문제는 변하지 않고 그대로 있습니다.

그러나 7절 말씀은 "내가 정말 기도하고 간구했다면 하나님의 평강이 내 마음과 생각을 지켜주신다"고 약속합니다. 염려할 일은 그대로 있을지 모릅니다. 그러나 하나님의 평강이 내 마음의 생각을 붙잡아주시기 때문에 이제 걱정하지 않고 담담하게 상황을 판단할 힘을 갖게 됩니다. 다시 말하면, 문제를 어떻게 해결할 것인지 올바른 시각으로 판단할 수 있는 지혜가 생기는 것입니다. 그러면 우리는 일어설 수 있게 됩니다. 문제를 뚫고 나갈 수 있는 것입니다. 이것이 하나님이 보편적으로 역사하시는 방법입니다.

깊이 들어가면 잔잔해지는 바다

한번은 어떤 집사님의 초청으로 저희 가족 모두가 사이판이라는 섬으로 휴가를 가게 되었습니다. 첫날과 둘째 날은 날씨가 좋아서 해변에서 아주 재미있게 놀고 쉬었습니다. 그런데 3일째 되는 날에는 하늘이 어둑어둑해지더니 갑자기 빗방울이 떨어지기 시작했습니다. 그래서 밖에 나가지도 못하고 꼼짝 못하고 호텔에 있는데, 그 집사님이 오셔서 "목사님, 바닷가 가요" 하는 게 아닙니까?

"비가 오는데 바닷가에 뭐 하러 갑니까?"

"잠수함 타러 가요."

"비 오는데 무슨 잠수함을 탑니까?" 그러자 그 집사님이 이런 대답을 했습니다.

"목사님, 깊은 곳에 들어가면 바다는 아주 잔잔해요. 그리고 별 세계가 다 보여요."

그래서 우리는 집사님 말대로 잠수함을 타고 바다 속으로 들어갔습니다. 바다 속에 들어가니까 그 집사님 말씀이 자꾸 생각났습니다.

"목사님, 깊은 곳에 들어가면 바다는 잔잔해요."

밖에서 볼 때는 비도 내리고 파도도 세게 일어서 심란했는데, 잠수함을 타고 깊이 들어가니까 유리알같이 투명하고 잔잔한 바다가 나타났습니다. 아름다운 산호와 신기한 모양의 물고기들, 2차세계대전 당시 좌초해버린 일본 군함들이 그대로 보이는 아주 편안한 바다였습니다. 아직도 제게는 그 집사님의 말이 잊혀지지 않고 귓가를 맴돕니다.

그렇습니다. 우리의 상황이 거센 파도처럼 우리를 위협한다 할지라도, 기도의 깊은 곳으로 내려가보십시오. 우리 마음의 바다가 잔잔해질 것입니다. 그리고 모든 것이 투명하게 보일 것입니다. 그러면 거기에서부터 일어설 수 있습니다. 그것이 하나님의 평강에 붙들린 바 된 사람의 모습입니다.

내 인생의 자이로스코프

제가 어떤 선교사님이 쓴 책에서 읽은 이야기입니다. 한번은 이 선교사님이 어떤 분의 초청으로 엄청나게 큰 선박을 구경하게 되었다고 합니다. 배의 여러 곳을 구경한 후에 지하로 내려가서 선장실로 들어가게 되었는데, 거기에는 배의 방향을 조정하는 키 외에 커다란 원형 장치가 하나 있었습니다. 선교사가 궁금해서 그 장치에 대해 묻자 안내하는 사람이 이렇게 설명해 주었습니다.

"저것은 자이로스코프(gyroscope)라고 합니다. 아무리 파도가 높고 물살이 험해도 배의 수평과 안전을 유지하게 해주는 장치이지요."

그 얘기를 들으면서 이 선교사님은 '내 인생에서 기도는 바로 저 자이로스코프와 같구나. 물살과 파도가 아무리 높아도 내 인생의 수평과 안전을 유지하도록 해주시는 하나님의 놀라운 장치, 그것이 바로 기도의 자리이다'라고 생각했다고 합니다.

그렇습니다. 하나님이 주신 우리 인생의 자이로스코프인 기도를 붙들고 있으면 우리는 안전합니다. 이런 사람은 사자처럼 우리의 삶을 위협하는 많은 도전 속에서도 평안을 잃지 않습니다. 성경의 인물 중에 실제로 사자 굴 속에서도 평안히 잠잔 사람이 있지 않습니까? 바로 다니엘입니다. 불세출의 위대한 설교자인 스펄전은 다니엘의 이야기를 묵상하면서 이런 말을 했습니다.

"다니엘이 사자 굴 속에서 평안히 잠을 자는 동안 저 하늘의 궁전에서는 하나님이 다니엘을 지키기 위해서 잠을 이루지 못하고 계셨다."

저는 이 말이 지나친 말이 아니라고 생각합니다. 이스라엘의 하나님은 졸지도 않고 주무시지도 않는다고 성경은 말씀합니다. 우리의 평안을 위해서 주님은 대가를 지불하고 계십니다. 아니, 이미 엄청난 대가를 지불하셨습니다. 저는 그것이 십자가라고 생각합니다. 우리의 평안을 위해서 예수 그리스도가 십자가에 달리신 것입니다. 이 십자가의 사건을 내다보던 이사야 선지자는 이사야서 53장 5절에서 이렇게 말했습니다.

"그가 찔림은 우리의 허물을 인함이요 그가 상함은 우리의 죄악을 인함이라 그가 징계를 받음으로 우리가 평화를 누리고 그가 채찍에 맞음으로 우리가 나음을 입었도다."

사자 굴 속에서도, 거센 폭풍우 속에서도 가능한 평화, 이 평화를 누리기 원하십니까? 그렇다면 십자가 앞으로 오십시오. 우리의 염려와 불안과 고통의 원인인 죄를 짊어지고 십자가에서 보배로운 피를 떨구신 예수 그리스도 앞에 나아와 모든 짐을 내려놓으십시오. 그리고 엎드려 간구하십시오. 그분이 만나주실 것입니다. 그리고 우리의 고통을 덜어주시고 마음의 평화를 회복시켜주실 것입니다. 그때 우리는 벌떡 일어나 "할렐루야! 주님을 찬양합니다!" 하고 외치며 폭풍우 속을 뚫고 나아갈 수 있습니다. 당신도 예수 그리스도로 말미암는 이 놀라운 승리와 평안의 삶을 누릴 수 있기를 바랍니다.

2부 성령에 속한 사람의 인격 중추

4장   오래 참음은 주님의 일에 힘쓰면서 참는 것이다
5장   양선은 주님의 선하심을 체험한 자의 삶의 열매이다
6장   자비는 십자가 체험에서 우러나온다

기도의 응답도 소중합니다. 그러나 기도하는 과정을 통해서 우리의 영혼이 강력해질 수 있습니다. 기도할 때 내 마음속의 원망을 치유하는 하나님의 기적을 경험할 수 있습니다. 기도할 때 내 마음속에서 인생에 대한 적극적인 믿음이 샘솟을 것입니다. 기도할 때 하늘의 비전을 붙잡게 될 것입니다. 당신이 지금 고독과 고통의 자리를 경험하고 있다 하더라도, 기도함으로써 주님 앞에 강력한 믿음의 사람으로 서게 될 것입니다.

2부 성령에 속한 사람의 인격 중추

 4장 오래 참음은 주님의 일에
힘쓰면서 참는 것이다

"그러므로 형제들아 주의 강림하시기까지 길이 참으라 보라 농부가 땅에서 나는 귀한 열매를 바라고 길이 참아 이른비와 늦은비를 기다리나니 너희도 길이 참고 마음을 굳게 하라 주의 강림이 가까우니라 형제들아 서로 원망하지 말라 그리하여야 심판을 면하리라 보라 심판자가 문 밖에 서 계시니라 형제들아 주의 이름으로 말한 선지자들로 고난과 오래 참음의 본을 삼으라 보라 인내하는 자를 우리가 복되다 하나니 너희가 욥의 인내를 들었고 주께서 주신 결말을 보았거니와 주는 가장 자비하시고 긍휼히 여기는 자시니라"(약 5:7-11).

"인생의 가장 위대한 덕은 인내"라는 영국 속담이 있습니다. 위대한 중국 선교사인 허드슨 테일러에게 선교사 지망생이 찾아와서 이렇게 물었습니다.

"선교사님, 당신처럼 위대한 선교사가 되는 비밀은 무엇입니까?"

허드슨 테일러는 이렇게 대답했습니다.

"첫째도 인내요, 둘째도 인내요, 셋째도 인내지."

인내는 위대한 선교사가 되기 위해서만이 아니라 온전한 그

리스도인이 되기 위해서 우리가 반드시 소유해야 할 덕(德)이라고 할 수 있습니다. 문제는 인내라는 것이 자연스럽게 얻어지지 않는다는 점입니다. 그래서 성경은 갈라디아서 5장 22절에서 오래 참음을 성령의 열매 가운데 하나로 언급하고 있습니다. 오래 참음의 덕은 성령의 역사하심을 통해서 얻을 수 있는 인격의 열매입니다. 그러나 성령의 역사가 인간의 책임 있는 응답을 배제하지는 않습니다. 순종하는 자들에게 성령은 역사하십니다.

본문에 보면 "길이 참으라"는 말이 세 번이나 반복됩니다. "그러므로 형제들아 주의 강림하시기까지 '길이 참으라' 보라 농부가 땅에서 나는 귀한 열매를 바라고 '길이 참아' … 너희도 '길이 참고' 마음을 굳게 하라"(7,8절).

'길이 참는다'는 말에 해당하는 헬라어 단어는 '마크로두미아'인데, '두미아'는 분노할 수밖에 없는 상황을 말합니다. 다시 말하면, 화가 난 상태야말로 우리에게 인내가 필요한 때라고 할 수 있습니다. 그런데 화가 머리 끝까지 치밀어오르는 상황에서 우리가 어떻게 인내할 수 있습니까? 야고보서 기자는, 우리가 삶 속에서 인내의 열매를 맺기 위해 취해야 할 태도를 설명하면서 세 가지 모본을 제시합니다. 첫째는 농부의 예, 둘째는 선지자들의 예, 셋째는 욥의 예입니다.

수확의 비전을 바라보고

7절을 다시 보십시오.

"그러므로 형제들아 주의 강림하시기까지 길이 참으라 보라 농부가 땅에서 나는 귀한 열매를 바라고 길이 참아 이른비와 늦은비를 기다리나니."

농부가 농사를 잘 지으려면 열매를 맺기까지 잘 참을 줄 알아야 합니다. 특별히 야고보는 본문에서 우리가 인내하기 위해서는 원망이나 불평 같은 부정적인 삶의 태도를 버려야 한다고 교훈합니다(7-9절).

이스라엘에서는 농부들이 파종하는 시기가 일반적으로 10월입니다. 그리고 파종 직후인 10, 11월에 비가 옵니다. 우기가 시작되는 것입니다. 이 '이른비'는 흙을 부드럽게 하고 파종된 씨의 발아를 돕습니다. 그리고 이듬해 3, 4월 경에 '늦은비'가 오는데, 이것은 수확을 돕는 비라고 할 수 있습니다. 문제는 11월부터 3월 사이에는 할 일이 별로 없다는 것입니다. 가만히 기다리는 수밖에 없습니다. 그런데 이 시기에 술 마시고 도박하고 이웃과 싸우다가 패가망신하는 농부들이 있습니다. 우리나라 농촌에서도 이런 현상을 종종 볼 수 있습니다.

그러나 이 기다림의 시간을 어떻게 보내느냐에 따라 삶의 질이 달라집니다. 본문에서 야고보는 이른비와 늦은비가 내리는 팔레스타인의 이 독특한 우기를 통해서 역사 속의 가장 중요한 두 사건을 생각하고 있었을지 모릅니다. 바로 예수 그리스도의 초림과 재림의 사건입니다. 제가 그렇게 추측하는 이유는 다음에 나오는 8절 말씀 때문입니다.

"너희도 길이 참고 마음을 굳게 하라 주의 강림이 가까우니라."

주의 재림이 가깝다고 했습니다. 우리는 예수님의 초림과 재림 사이에 살고 있습니다. 이때는 어둠의 때입니다. 이 시기를 어떤 자세로 살아가느냐 하는 것은 매우 중요한 문제입니다.

'어둠의 때에도 주님의 재림을 기다리면서 그 시간을 창조적으로 활용할 것인가 아니면 마치 농부들이 인내하지 못하고 불평하고 원망하고 싸우면서 시간을 보낸 것처럼 우리도 그렇게 살 것인가?'

특별히 사도 야고보는 여기서 원망이라는 삶의 태도를 경계하고 있습니다. 9절에 보면 "형제들아 서로 원망하지 말라 그리하여야 심판을 면하리라 보라 심판자가 문 밖에 서 계시니라"고 했습니다. 주께서 다시 오시는 심판의 그 날, 그분은 우리 삶의 행적뿐만 아니라 삶의 태도도 심판하실 것입니다. 우리가 정말 하나님이 기뻐하시는 인내의 사람이 되기 위해서는 원망과 같은 부정적인 삶의 태도를 극복할 줄 알아야 합니다.

이스라엘 백성이 이집트에서 하나님의 기적을 체험하고 광야로 나왔을 때, 하나님은 축복의 가나안을 약속하셨습니다. 그런데 가나안을 향해 가는 도상에서 이스라엘 백성들이 제일 많이 한 것이 무엇입니까? 바로 원망입니다. 그들은 끊임없이 원망했습니다. 만일 그들이 자신들 앞에 펼쳐질 가나안 땅의 비전을 바라볼 수 있었다면 아마도 원망의 삶을 살지 않았을 것입니다. 그러나 그 원망 때문에 이스라엘 백성들에게 광야의 행진은 지루하고 고통스러운 여행이 될 수밖에 없었습니다.

만약 그들이 가나안의 복된 비전을 바라보고 광야의 행진을 했다면 얼마나 달라졌을까요? 농부가 수확의 비전을 바라보고 그때를 준비했더라면 그 기다림의 시간은 창조적이고 생산적인 일들로 가득할 것입니다. 주께서 기뻐하시는 사람, 인내의 사람이 되려면 이 부정적인 삶의 태도를 버릴 줄 알아야 합니다.

누구에게나 인생의 우기가 있습니다. 비가 내리는 끈적끈적한 시간, 아무것도 할 수 없을 것 같은 시간! 그러나 그때에라도 우리는 부정적인 삶의 태도에 빠지지 말고, 주께서 우리를 위해 준비하신 우기 건너편의 비전을 바라볼 수 있어야 합니다. 그래서 이 기다림의 시간을 창조의 시간으로 선용할 줄 알아야 합니다. 그것이 바로 농부의 교훈입니다.

보이지 않는 하나님을 보는 것같이 하여

두 번째 비유는 선지자의 사례입니다. 농부의 사례를 통해서 부정적인 삶의 태도를 경계하고 있다면, 선지자의 사례를 통해서는 적극적인 사역으로의 헌신을 가르칩니다. 우리가 인내하는 사람이 되려면, 그 인내의 시간에 적극적인 일에 헌신해야 한다는 말입니다.

10절 말씀을 보십시오.

"형제들아 주의 이름으로 말한 선지자들로 고난과 오래 참음의 본을 삼으라."

선지자들이 왜 고난을 받았습니까? 주의 이름을 증거하다가 그랬던 것입니다. 그들은 고난 속에서 후퇴하지 않고 오히려 더 주의 이름을 높이며 신실하게 주의 이름을 증거했습니다. 이렇게 고난 속에서 더 적극적으로 하나님의 일에 헌신했던 선지자들의 모본을 기억하라고 야고보는 가르치고 있습니다.

농부가 수확의 때를 기다리며 할 일이 얼마나 많겠습니까? 잡초를 뽑을 수도 있고, 병충해를 예방할 수도 있고, 밭을 깨끗이 관리할 수도 있고, 추수 준비를 할 수도 있고 할 일은 얼마든지 있습니다. 기다림의 시간에 우리는 부정적인 삶의 태도에 빠지지 않아야 할 뿐 아니라 마땅히 해야 할 일을 적극적으로 찾아서 해야 합니다.

우리는 히브리서 11장에서 특별히 이런 믿음의 선진들의 모본을 볼 수 있습니다. 노아의 경우를 보십시오. 노아는 비가 올 징후가 전혀 보이지 않았을 때 방주를 짓습니다. 주변사람들이 그에게 얼마나 많은 비웃음과 공격을 퍼부었겠습니까? 그러나 노아는 그들의 반응에 전혀 개의치 않고 부지런히 방주를 짓습니다. 남이 뭐라고 해도 자기 할 일을 한 것입니다.

또 아브라함의 사례를 생각해보십시오. 아브라함이 어느 날 하나님의 메시지를 듣고 고향을 떠나기로 결단했습니다. 그가 이런 결정을 내렸을 때 고향 사람들이 얼마나 그를 비웃었겠습니까? 마치 천로역정의 주인공인 그리스도인이 장망성을 떠난다고 했을 때 동네 사람이 다 일어나서 그를 비웃었던 것처럼 그러했을 것입니다. 그러나 아브라함은 주께서 말씀하셨기에 가야 한다며 믿음의 행진을 시작했습니다. 그는 갈 바를 알지 못했지만 하나님의 인도를 믿고 갔던 것입니다. 결국 창세기 12장에서 보듯 아브라함은 가나안 땅에 도착합니다.

모세의 경우는 어떻습니까? 그가 이스라엘 백성들을 이끌고 애굽 땅에서 나와 가나안을 향해 가는 동안 얼마나 많은 원망을 들었습니까? 백성들이 "아니, 우리를 죽일 데가 없어서 여기까지 끌고 나와서 죽게 하려느냐?" 하면서 공격해올 때, 모세는 그들과 맞붙어서 싸우지 않고 자신이 가야 할 길을 꾸준

한 믿음으로 걸어갔습니다.

히브리서 11장 27절에는 모세의 믿음의 태도에 대해서 이렇게 말합니다.

"믿음으로 애굽을 떠나 … 보이지 아니하는 자를 보는 것같이 하여 참았으며."

수많은 난관에 부딪칠 때마다 그는 그 상황 너머에 계시는 보이지 않는 하나님을 보는 것같이 신뢰하며 나아갔습니다. 역사의 주인이시면서 동시에 나를 인도하시는 하나님, 그 살아계신 하나님의 주권적인 섭리와 인도를 믿고 참아서 결국은 승리하는 모세의 모습은 얼마나 아름답습니까?

히브리서 11장 마지막 부분에서 기자는 이런 믿음의 선배들을 '세상이 감당할 수 없는 사람들'이라고 말합니다. 고난이 닥쳐올 때, 그들은 부정적인 삶의 태도에 빠져서 인생의 에너지를 낭비하지 않고 오히려 자기가 해야 할 일을 더욱 부지런히 했습니다. 이것이 선지자들이 보여준 아름다운 모본입니다.

"나를 인하여 너희를 욕하고 핍박하고 거짓으로 너희를 거스려 모든 악한 말을 할 때에는 너희에게 복이 있나니 기뻐하고 즐거워하라 하늘에서 너희의 상이 큼이라 너희 전에 있던 선지자들을 이같이 핍박하였느니라"(마 5:11,12).

한국 교회사 초기에 우리나라에 와서 선교 활동을 한 분 중

에 팬윅이라는 분이 계셨습니다. 언더우드나 아펜젤러처럼 잘 알려진 분은 아니지만 굉장히 훌륭한 선교사님이셨습니다. 이 분은 남의 터 위에 집을 짓지 않겠다는 신조를 가지고 시골에 들어가서 조용히 선교 활동을 하셨는데, 특별히 원산 지역을 중심으로 사역하셨습니다.

이 팬윅 선교사의 일화 가운데 이런 얘기가 있습니다. 그가 원산 지역에서 선교 활동을 하는 동안 많은 사람들이 예수를 믿게 되었습니다. 한번은 어떤 사람의 집에 가서 전도하고 있는데, 밖에서 예수교 전도하는 것을 싫어하는 동네 청년들이 와서 소리를 지르기 시작했습니다.

"서양 악귀 물러가라! 여자를 도둑질해가는 놈은 물러가라! 아이들 유괴해가는 놈은 물러가라!"

초기에 전도할 때는 여자들과 아이들이 잘 믿고 교회에 나오니까 이런 비난을 하곤 했습니다.

그런데 이 선교사는 그런 비난의 소리에 전혀 동요하지 않고 웃으면서 평상시처럼 얘기를 하는 게 아니겠어요? 그러니까 집주인이 놀라서 물었습니다.

"당신은 화도 안 납니까? 당신더러 서양 악귀라고 하지 않습니까?"

이에 팬윜은 웃으면서 이렇게 대답했습니다.

"나는 서양 악귀가 아니라 편위익(팬윜의 한국 이름)이오. 저 사람들이 뭐라 하든 그것이 사실이 아니라면 나에게는 전혀 상관없는 일이오."

집주인은 이 선교사의 태도를 보고 감동을 받아서 예수를 믿게 되었다고 합니다.

우리의 삶에 어둠이 드리워질 때, 그럴 때일수록 하나님이 우리에게 맡기신 그 일에 더욱 자신을 드리십시오. 그것이 선지자들이 우리에게 가르쳐주는 교훈입니다.

고난의 한복판에서

세 번째로 야고보는 욥의 사례를 제시함으로써, 인내하는 사람이 되기 위해서는 축복된 결말에 대한 믿음을 가져야 한다고 교훈합니다. 우리가 고통중에 있다 하더라도, 그 고통이 결국은 축복의 열매를 맺도록 하나님이 주권적으로 일하실 것을 믿는다면 고통의 때를 훨씬 더 잘 인내할 수 있을 것입니다.

본문 11절을 보십시오.

"보라 인내하는 자를 우리가 복되다 하나니 너희가 욥의 인내를 들었고 주께서 주신 결말을 보았거니와 주는 가장 자비하시고 긍휼히 여기는 자시니라."

우리가 잘 아는 대로 욥은 의인이었습니다. 성경은 그를 동방의 의인이라고 말합니다. 그런데도 그에게 고난이 왔습니다. 우리가 살다보면 내 잘못과 상관없이 고난당할 수도 있는데, 욥의 경우가 그러했습니다. 동양 문화권에 사는 사람들은 인과응보 사상에 익숙해 있기 때문에 이런 경우를 받아들이기 어려워합니다. '까닭없이 고난이 올 리 없다. 무언가 네가 잘못해서 고난이 온 것이다'라는 것이 일반적인 생각입니다. 욥의 친구들도 욥에게 와서 그렇게 말하지 않습니까? 그의 아내까지도 욥을 이해하지 못하고 저주했습니다.

"당신이 그래도 자기의 순전을 굳게 지키느뇨 하나님을 욕하고 죽으라"(욥 2:9).

욥 자신도 아마 이런 고난의 한복판에서 흔들릴 때가 있었을 것입니다. 그럼에도 불구하고 욥은 하나님에 대한, 그리고 인생에 대한 믿음을 포기하지 않았습니다. 우리는 욥기를 읽어가면서 욥의 신앙의 백미라고 할 수 있는 몇 구절을 볼 수 있습니다.

특별히 욥기 13장 15절을 보십시오.

"그(하나님)가 나를 죽이시리니 내가 소망이 없노라."

우리말 번역은 아주 절망적인 고백인데(물론 어떤 성경 사본에서는 이런 뉘앙스로 표현되어 있음), 대부분의 영어 번역이나 다른 번역에서는 이런 의미가 아닙니다. 미국인들이 제일 많이 보는 NIV 성경에는 "Though he slay me, yet will I hope in him"으로 되어 있습니다. "하나님이 나를 죽이실지라도 나는 그분을 여전히 신뢰하겠다"고 하는 매우 적극적인 고백입니다. 저는 이 번역이 더 적합하다고 생각합니다. 고난의 한복판에서 드리는 욥의 이 고백은 얼마나 귀하고 아름답습니까?

다음으로 우리에게 잘 알려진 욥기 23장 10절을 보십시오.

"나의 가는 길을 오직 그가 아시나니 그가 나를 단련하신 후에는 내가 정금같이 나오리라."

하나님이 이 시련의 한 과정을 통해서 장차 자신을 정금과 같은 보배로운 존재로 세워주실 줄 믿는다는 이 고백은 얼마나 놀랍습니까? 욥은 하나님을 믿었습니다. 인생에 역사하시는 하나님의 선하심을 믿었습니다. 그의 인생에 대한 축복된 마지막 결론을 믿은 것입니다. 지금은 고통이지만 이것이 결국은 하나님의 선하심을 드러내고야 말 것이라고 믿은 것입니다. 마치 다음과 같은 바울의 고백처럼 말입니다.

"하나님을 사랑하는 자 곧 그 뜻대로 부르심을 입은 자들에게는 모든 것이 합력하여 선(善)을 이루느니라"(롬 8:28).

하나님의 선하심과 승리와 그 주권을 믿었기에 욥은 마지막에 웃는 자가 되었습니다. 욥기 마지막 부분에 보면 욥을 비판했던 친구들이 하나님으로부터 호된 책망을 듣습니다. 반면에 욥은 하나님의 인정을 받고 전보다 더 풍성한 축복을 받게 됩니다.

'오리지널 고릴라' 링컨의 승리

제가 링컨의 전기를 읽으면서 그가 참믿음의 사람이었구나 하고 생각했습니다. 그는 하나님을 믿었고 또 사람들을 믿었습니다. 그는 인생을 아주 낙관적으로 바라보았으며 넉넉한 유머 감각을 가지고 살았던 사람입니다. 그러나 링컨도 정치하는 사람이다보니 정적(政敵)이 적지 않았던 것 같습니다. 특별히 한평생 링컨을 괴롭혔던 유명한 정적 가운데 스탠튼이라는 사람이 있었습니다. 그는 사사건건 링컨을 비판했고 링컨에 대해 악의에 찬 말들을 퍼뜨렸습니다. 또 링컨에게 '오리지널 고릴라' 라는 별명을 붙여서 그를 조롱하기도 했습니다.

그러나 링컨은 스탠튼의 이런 조롱을 전혀 개의치 않았습니다. 그리고 그가 대통령이 되어 장관을 임명할 때 놀랍게도 스탠튼을 각료 자리에 임명했습니다. 주변에 있던 참모들이 깜짝 놀라서 "그 사람이 당신한테 어떻게 했는지 벌써 잊으셨습니까?"라면서 링컨을 말렸습니다. 그러자 링컨은 이렇게 말했다고 합니다.

"이 자리는 그가 나를 어떻게 괴롭혔는가를 논하는 자리가 아닙니다. 지금 우리는 스탠튼이 이 직책에 적합한가 아닌가를 논하고 있습니다."

스탠튼은 장관이 된 후에도 링컨에게 썩 호의적이지 않았습니다. 그럼에도 불구하고 링컨은 그를 한결같이 대해주었습니다.

나중에 링컨이 죽었을 때, 놀랍게도 스탠튼은 그의 시신 앞에서 걷잡을 수 없이 통곡하며 이런 유명한 말을 했습니다.

"나는 내 평생 나를 감동시키는 한 사람을 만났다. 내가 만난 가장 위대한 사람이 지금 내 앞에 누워 있다."

링컨은 결국 마지막에 웃는 자가 되었습니다. 그는 하나님을 믿었고 사람을 믿었습니다. 이렇게 하나님의 주권과 그분의 선하심과 궁극적인 축복을 믿는 사람은 어떤 환경에서도 인내할 수 있습니다.

지금까지 세 가지 사례를 통해 고난중에도 인내를 향해 나아가는 삶이란 어떤 것인지 그 자세에 대해 살펴보았습니다. 그렇다면 이런 놀라운 삶을 살 수 있는 내적 능력은 어디에서 나오는 것일까요? 야고보는 그 해답을 본문 13절에서 제시합니다.

"너희 중에 고난당하는 자가 있느냐 저는 기도할 것이요."

또 시편 138편 3절에 보면 이런 말씀이 있습니다.

"내가 간구하는 날에 주께서 응답하시고 내 영혼을 장려하여 강하게 하셨나이다."

기도의 응답도 소중합니다. 그러나 기도하는 과정을 통해서 우리의 영혼이 강력해질 수 있습니다. 기도할 때 내 마음속의 원망을 치유하는 하나님의 기적을 경험할 수 있습니다. 기도할 때 내 마음속에서 인생에 대한 적극적인 믿음이 샘솟을 것입니다. 기도할 때 하늘의 비전을 붙잡게 될 것입니다. 당신이 지금 고독과 고통의 자리를 경험하고 있다 하더라도, 기도함으로써 주님 앞에 강력한 믿음의 사람으로 서며, 다시 삶의 현장을 향해서 힘있게 나아가고 주님 주시는 새로운 비전을 열어갈 수 있기를 바랍니다.

2부 성령에 속한 사람의 인격 중추

5장 양선은 주님의 선하심을 체험한 자의 삶의 열매이다

"여호와께 감사하라 그는 선하시며 그 인자하심이 영원함이로다 여호와께 구속(救贖)함을 받은 자는 이같이 말할지어다 여호와께서 대적의 손에서 저희를 구속하사 동서남북 각 지방에서부터 모으셨도다 저희가 광야 사막 길에서 방황하며 거할 성을 찾지 못하고 주리고 목마름으로 그 영혼이 속에서 피곤하였도다 이에 저희가 그 근심중에 여호와께 부르짖으매 그 고통에서 건지시고 또 바른 길로 인도하사 거할 성에 이르게 하셨도다 여호와의 인자하심과 인생에게 행하신 기이한 일을 인하여 그를 찬송할지로다 저가 사모하는 영혼을 만족케 하시며 주린 영혼에게 좋은 것으로 채워주심이로다"(시 107:1-9).

2차세계대전이 종전되고 연합군이 독일의 한 수용소에 들렀을 때의 일입니다. 병사들은 죄수들을 가두어두었던 감방을 돌아보기도 하고 수많은 사람을 질식사하게 만든 가스실을 둘러보기도 했습니다. 그런데 한 병사가 갑자기 이런 비명을 지르며 가스실에서 뛰쳐나왔습니다.

"으악! 여기가 바로 지옥이다!"

잠시 후 그 병사가 감방을 돌아보다가 또다시 소스라치게 놀라는 소리를 질렀습니다.

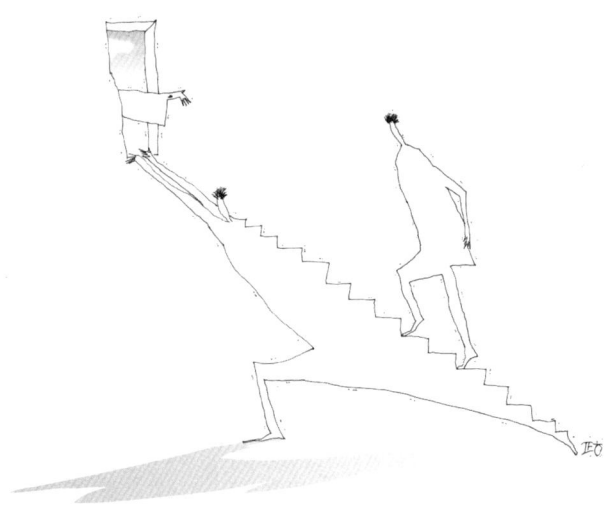

"아! 이것은 도저히 믿을 수가 없다!"

다른 병사들이 좇아와서 도대체 무엇을 믿을 수가 없느냐고 물었습니다. 그 병사는 벽에 휘갈겨 쓴 낙서들을 가리켰습니다. 거기에는 "하나님은 선하시다! 하나님은 사랑이시다!"라고 씌어 있었습니다. 이것은 최악의 상황 속에서 발견할 수 있었던 최선의 신앙고백이었습니다. 유태인들은 최악의 상황을 최선으로 바꾸시는 하나님의 놀라우신 역사하심을 이런 신앙고백으로 증거했던 것입니다.

우리는 바벨론 포로에서 돌아온 이스라엘 백성들의 신앙고백이 담긴 본문에서 이와 동일한 고백을 발견할 수 있습니다. 1절 말씀을 보십시오.

"여호와께 감사하라 그는 선하시며 그 인자하심이 영원함이로다."

하나님의 선하심과 그 성실한 사랑을 찬양하는 내용입니다.

시편 107편을 보면, 1절과 동일한 의미의 신앙고백이 똑같은 문구로 4회나 반복되는 것을 볼 수 있습니다. 먼저 8절을 보십시오.

"여호와의 인자하심과 인생에게 행하신 기이한 일을 인하여 그를 찬송할지로다."

이와 똑같은 말씀이 15절, 21절, 31절에 나옵니다. 시편 107편은 바로 이 고백을 중심으로 크게 네 개의 문단으로 나뉘어집니다. 그리고 각각의 문단에는 이스라엘 백성들의 특별한 체험이 고백되고 있습니다.

광야의 방황 속에서

첫번째 문단은 4-7절인데, 여기서는 이스라엘 백성들이 광야에서 방황할 때의 체험을 기록하고 있습니다. 방황은 고통이며 아픔이며 악입니다. 그들은 광야에서 방황하고 있었습니다.

"저희가 광야 사막 길에서 방황하며 거할 성(城)을 찾지 못하고"(4절).

누구나 자신의 생애를 돌이켜보면 광야 사막 길 같은 어려운 시기가 한두 번은 있었을 것입니다. 혹 어떤 사람은 지금 그런 시기를 보내고 있을지도 모릅니다. 직업을 찾아서 방황하든지, 삶의 의미를 찾아서 방황하든지, 진정한 사랑을 찾아서 방황하든지, 모양은 다양하지만 그 속에서 경험하는 고통은 동일합니다. 거할 성을 찾지 못하고 안정과 쉼이 없던 이 시기에 우리가 할 수 있는 일은 아무것도 없었습니다.

그러나 하나님을 믿기에 할 수 있는 유일한 일이 있다면 그것은 바로 엎드려 기도하는 것이었습니다. 본문 6절 말씀처럼 이 뼈저린 외로움과 고통 속에서 우리는 간절히 기도합니다.

"이에 저희가 그 근심중에 여호와께 부르짖으매."

부르짖어 기도하던 어느 순간, 갑자기 우리 인생에 작은 희망의 빛이 쏟아져 들어오기 시작했습니다. 우리는 직장을 얻었고, 삶의 의미를 발견했고, 오랜만에 평안과 쉼을 맛보게 되었습니다. 7절 말씀처럼 마침내 우리는 성(城)에 도착한 것입니다. 그리스도 안에서 발견한 천국의 영원한 소망과 안식, 그것은 나의 성이었습니다.

"또 바른 길로 인도하사 거할 성에 이르게 하셨도다"(7절).

그렇다면 우리는 이제 이렇게 고백할 수밖에 없습니다.

"여호와의 인자하심과 인생에게 행하신 기이한 일을 인하여 그를 찬송할지로다"(8절).

방황은 악이고 고통이지만, 그 속에서 우리는 하나님의 선하심을 체험하고 우리에게 향하신 하나님의 기이한 일을 찬양하게 됩니다.

죄의 사슬에 매인 상황에서

두 번째 경우는 10-14절에 나오는 대로 죄의 사슬에 속박되었을 때의 체험입니다. 인생을 살다보면 어느 날 갑자기 나를 꽁꽁 붙들어 매고 있는 사슬이 있음을 발견합니다. 뛰쳐나갈 수도 없고 도무지 어쩔 줄을 모르는 지경에 빠집니다. 그것이 바로 10절의 고백입니다.

"사람이 흑암과 사망의 그늘에 앉으며 곤고와 쇠사슬에 매임은."

여기에 '쇠사슬'이라는 단어가 나오는데, 아무리 몸부림쳐봐도 끊을 수 없는 엄청난 중압감을 경험하는 순간을 나타냅니다.

우리에게 왜 사슬에 얽매이는 것과 같은 이런 상황이 닥쳤을까 생각해보면, 우리 자신의 죄와 허물 때문임을 깨닫게 됩니다. 그것은 알콜 중독이나 마약 중독, 혹은 섹스 중독일 수도 있고 다른 좋지 않은 습관의 중독일 수도 있습니다. 자신을 붙들어매고 있는 이 죄악의 사슬 속에서 숨 돌릴 여유도 찾지 못하고 주저앉아 있는 우리의 모습, 그러나 그것이 바로 나의 허물로 인한 것이기에 우리는 11절 말씀처럼 하나님의 말씀을 거역하며 그분의 뜻을 멸시한 당연한 결과였다고 고백할 수밖에 없습니다.

"하나님의 말씀을 거역하며 지존자의 뜻을 멸시함이라."

이제라도 우리는 자신을 낮추고 그 주님 앞에 엎드려 참회의 기도를 드립니다. 그리고 근심중에 여호와께 부르짖습니다. 그랬더니 참으로 오랜만에, 나를 붙들어매고 있었던 이 사슬들이 풀어지는 것을 경험합니다. 그 고백이 바로 14절 말씀입니다.

"흑암과 사망의 그늘에서 인도하여내시고 그 얽은 줄을 끊으셨도다."

물론 하루 아침에 그 사슬이 끊어지지 않을 수도 있습니다. 그러나 어느 날 우리는 이 사슬이 내게서 벗겨졌다는 것을 느낍니다. 참으로 오랜만에 느끼는 자유, 그것은 주님이 주신 자유입니다.

"진리를 알지니 진리가 너희를 자유케 하리라"(요 8:32).

하나님의 아들로 인해 자유를 경험한 자마다 이렇게 고백할 수밖에 없을 것입니다.

"여호와의 인자하심과 인생에게 행하신 기이한 일을 인하여 그를 찬송할지로다"(15절).

나를 용서하시고 자유를 주신 하나님을 우리는 찬양할 수밖에 없습니다.

사망의 문턱에서

세 번째 문단인 16-20절은 질병으로 죽게 되었을 때의 상황입니다. 인생을 살다보면 우리 자신이 질병 때문에 고통당하기도 하고, 우리 이웃이 질병으로 사경을 헤매는 경우를 보기도 합니다. 종합병원 응급실이나 중환자실 같은 곳에 가보십시오. 거기 누워 있는 사람들과 얘기하다보면 우리가 일상에서 고민하는 것들은 차라리 사치스러운 것들이라고 생각될 때가 많습니다. 그 분들은 이렇게 말합니다.

"목사님, 그저 음식 먹고 소화나 제대로 했으면 좋겠습니다. 몸 한 번만 더 움직여봤으면 얼마나 좋을까요? 자리에서 일어나 교회 한 번 나가봤으면 소원이 없겠어요."

본문에도 이런 시편 기자의 체험이 반영되고 있습니다.

먼저 18절 말씀을 보십시오.

"저희 혼이 각종 식물(食物)을 싫어하여 사망의 문에 가깝도다."

죽음이 가까웠기에 식욕조차 느끼지 못하는 것입니다. 병을 앓고 누워 있는 사람이 무슨 일을 하겠습니까? 아무것도 할 수가 없습니다. 그러나 그가 하나님을 안다면 이 아픔 속에서 엎드려 기도할 수 있을 것입니다.

"하나님, 살려주십시오. 고쳐주십시오."

저희가 근심중에 부르짖었더니 드디어 기도의 응답이 찾아왔습니다. 20절 말씀을 보십시오.

"저가 그 말씀을 보내어 저희를 고치사 위경(危境)에서 건지시는도다."

드디어 하나님의 고치심이 시작됩니다. 내 몸이 움직이기 시작하고 다시 극적으로 소생하기 시작합니다. 어제까지 꼼짝 못하고 누워 있던 내가 다시 새 힘을 얻고 일어날 수 있다는 것은 기적입니다. 이 치유의 기적을 체험하고 나서 바라보는 푸른 하늘과 찬란한 햇빛, 그는 이제 이렇게 찬양하지 않을 수 없습니다.

"여호와의 인자하심과 인생에게 행하신 기이한 일을 인하여 그를 찬송할지로다"(21절).

찬송가 중에 잘 모르고 어려워서 자주 부르지 않는 곡들이 몇 곡 있는데, 20장도 그런 곡입니다. 그런데 어떤 책에서 찬송가 20장에 얽힌 이야기를 읽고 나서 이 찬송을 불러야겠다는 생각을 하게 되었습니다. 20장 찬송은 '다 감사드리세'라는 제목의 곡으로, 마르틴 린카르트라는 독일의 목사님이 작사한 것입니다.

이 분은 17세기 독일에서 목회를 하시던 중 흑사병이 전 유럽을 휩쓸고 지나가던 때에 이 찬송을 지었다고 합니다. 그 당시 수많은 사람들이 흑사병으로 죽어갔습니다. 린카르트 목사님은 흑사병으로 죽는 교인들의 장례식을 날마다 집례해야만 했습니다. 어떤 날은 최고 기록으로 하루 50건의 장례식이 있었다고 합니다. 이 분 마음이 얼마나 비참했겠습니까? 그는 마침내 사랑하는 아들조차 잃었습니다.

그렇게 한 해가 저물어가고 있었습니다. 그 해의 마지막 날, 그는 새해를 앞두고 조용히 자기 인생에 대해 생각하면서 창밖을 내다보다가 바로 이 찬송가를 작사했다고 합니다.

'내가 아직도 살아 있구나! 수많은 이웃과 가족이 죽어가는데 내가 아직도 살아 있어서, 고통받고 죽어가는 이웃들에게 격려가 되고 있구나!'

자신이 그들 곁에서 축복의 말을 나눌 수 있다는 사실, 이 살아있는 감격을 확인하면서 이 찬송을 지은 것입니다.

우리말의 찬송가 번역은 본래 가사의 의미를 정확하게 반영하지 못하고 있는 듯합니다. 린카르트 목사님이 작사한 대로 가사를 직역하면 이렇습니다.

> 다 감사드리세
> 마음으로 손으로
> 목소리로 온 존재로
> 엄마의 팔에서부터
> 여기까지 인도하사
> 하나님이 지으신 세상 안에
> 기뻐하며 하나님의 사랑의 선물들을 누리며
> 내가 살아가고 있다는 감격
> 다 감사를, 감사를 드리나이다.

당신이 지금 건강한 모습으로 신앙생활을 하고 있다면 주님 앞에 감사하십시오. 이 아름다운 세상에 살아 있는 우리가 주님 앞에 고백할 말이 무엇입니까?

"여호와의 인자하심과 인생에게 행하신 기이한 일을 인하여 그를 찬송할지로다"(21절).

거센 풍랑 속에서

네번째 문단인 22-30절은 바다에서 풍랑을 만났을 때의 체험입니다. 인생을 살면서 어느 한 순간은 가도가도 끝이 없는 건조하고 메마른 사막을 걷는 느낌을 받을 때가 있습니다. 또 어떤 때 우리 인생은 갑자기 급류를 타고 폭풍우 속으로 빠져들어가 허우적거리며 "하나님, 살려주세요!"라고 외칠 수밖에 없는 거친 풍랑을 경험하기도 합니다. 그것은 인간관계의 풍랑일 수도 있고 사업의 실패나 실직과 같은 풍랑일 수도 있습니다. 아마 시편 기자도 이런 풍랑을 경험했던 것 같습니다. 25절을 보십시오.

"여호와께서 명하신즉 광풍이 일어나서 바다 물결을 일으키는도다."

시인은 왜 광풍이 찾아왔는지 모릅니다. 그러나 하나님이 허용하신 것은 사실입니다. 그분만이 아시는 특별한 이유 때문에 허용하신 이 인생의 광풍, 그것 때문에 우리는 우리 인생이 내동댕이쳐진 듯한 처절한 절망을 경험합니다.

"저희가 하늘에 올랐다가 깊은 곳에 내리니 그 위험을 인하여 그 영혼이 녹는구나"(26절).

이때의 심정이 27절에 잘 나타나 있습니다.

"저희가 이리저리 구르며 취한 자같이 비틀거리니 지각이 혼돈하도다."

문자 그대로 내 삶은 혼돈입니다. 어쩔 줄 몰라합니다. 이제 내가 알고 있는 마지막 희망, 마지막 피난처이신 구원의 하나님 앞에 나아와 부르짖을 수밖에 없었습니다.

"이에 저희가 그 근심 중에서 여호와께 부르짖으매"(28절).

"하나님, 살려주세요! 하나님, 한 번만 기회를 주세요! 하나님, 힘이 없어요. 어쩔 줄 모르겠어요! 도와주세요!"

혼돈 속에서 부르짖는 나의 부르짖음에 하나님이 어떻게 응답하십니까? 어느 순간 풍랑이 잦아들고 다시 유리바다 같은 평온의 바다가 됩니다.

"광풍을 평정히 하사 물결로 잔잔케 하시는도다 저희가 평온함을 인하여 기뻐하는 중에 여호와께서 저희를 소원의 항구로 인도하시는도다"(29, 30절).

내 배는 다시 순항을 계속합니다. 그리고 하나님이 주신 그 소원을 향해 다시 나아갑니다.

오랜만에 찾은 회복된 삶, 주께서 일하신 까닭입니다. 이제 우리의 고백은 무엇입니까?

"여호와의 인자하심과 인생에게 행하신 기이한 일을 인하여 그를 찬송할지로다"(31절).

선한 일을 위하여 지음받은 자

광야의 방황, 죄로 말미암은 사슬, 질병, 바다의 풍랑! 이 모든 것은 고통스럽고 외롭지만 이런 상황 속에서 하나님의 선하심을 체험했다면 이제 우리가 할 일은 무엇일까요? 두 가지가 있는데 첫 절과 마지막 절에 나와 있습니다.

우선 하나님의 선하심을 경험한 자는 감사를 드려야 합니다. 1절 말씀을 다시 보십시오.

"여호와께 감사하라 그는 선하시며 그 인자하심이 영원함이로다."

그런데 시편 기자는 특별한 의미에서 감사를 드리고 싶었습니다. 그래서 이렇게 말합니다.

"감사제를 드리며 노래하여 그 행사를 선포할지로다"(22절).

날마다 감사하지만, 그러나 우리에게는 특별한 감사의 축제가 필요할 때가 있습니다. 그래서 시편 기자는 예물을 준비하고 춤을 추고 찬양하면서 내 인생에 임하신 하나님의 선하심을 찬양하고 선포하는 감사의 축제를 드리고 싶어했던 것입니다.

저는 이것이 바로 감사주일의 의미라고 생각합니다. 언제나 감사하지만, 1년에 한 번 특별히 이런 감사의 축제를 열어서 우리 마음속에 벅차오르는 감사의 조건들을 헤아리며 주님 앞에 찬양하면서 고백하는 것은 얼마나 아름답습니까?

"하나님, 하나님은 선하세요! 그리고 하나님, 감사해요!"

고난중에 하나님의 선하심을 경험한 자가 해야 할 일이 또 하나 있습니다. 우리는 이런 감사의 축제를 통해서 주님 앞에 지혜로운 한평생을 살기로 결단해야 합니다. 마지막 절을 보십시오.

"지혜 있는 자들은 이 일에 주의하고 여호와의 인자하심을 깨달으리로다"(43절).

지혜로운 삶을 산다는 것은 무엇을 의미합니까? 그 앞 구절을 보면 "정직한 자는 보고 기뻐하며 모든 악인은 자기 입을 봉하리로다"(42절)라고 했습니다. 악인은 입을 봉할 것입니다. 그러나 우리는 입을 봉할 수 없습니다. 하나님의 선하심을 체험했기 때문에 입을 열어 하나님의 선하심을 찬양할 수밖에 없습니다.

한걸음 더 나아가서, 우리는 하나님의 선하심을 증거하는 삶을 살아야 합니다. 어떻게 그런 삶을 살 수 있습니까? 주변을 잘 둘러보십시오. 우리가 체험한 동일한 그 길을 걸어가고 있는 이웃들이 없는지 한번 보십시오. 광야의 사막을 외롭게 걸어가는 이웃, 범죄와 죄악의 사슬 속에서 어쩔 줄 모르는 이웃, 질병 때문에 죽음의 문턱에서 고통스러워하며 바다 한복판에서 힘겨운 풍랑을 만나 혼돈 속에 있는 이웃들의 얼굴이 보이지 않습니까? 그들을 위해 기도하십시오. 그들의 손을 잡아주십시오. 그들을 격려해주십시오. 그때 나는 하나님의 선하심을 체험한 사람으로서 선을 베푸는 사람이 될 수 있습니다.

우리가 선을 행함으로 구원을 얻을 수는 없습니다.

"너희가 그 은혜를 인하여 믿음으로 말미암아 구원을 얻었나니 이것이 너희에게서 난 것이 아니요 하나님의 선물이라 행위에서 난 것이 아니니 이는 누구든지 자랑치 못하게 함이니라"(엡 2:8,9).

우리의 행위를 가지고는 주님 앞에 설 수 없습니다. 그러나 이 구절은 거기에서 끝나지 않습니다. 다음 절을 보십시오.

"우리는 그의 만드신 바라 그리스도 예수 안에서 선한 일을 위하여 지으심을 받은 자니 이 일은 하나님이 전에 예비하사 우리로 그 가운데서 행하게 하려 하심이니라"(10절).

이제 새롭게 지으심을 받은 우리는 하나님의 선하심을 체험한 사람으로서 선(善)을 베풀고 나누는 사람으로 살아가야 합니다. 하나님이 우리를 바라보시며 이렇게 말씀하실 수 있도록 말입니다.

"사랑하는 나의 자녀여! 내 아이야! 착하고 충성된 나의 종아!"

제가 사도행전을 읽다가 새롭게 감동받은 부분이 있는데, 다름아닌 "바나바는 착한 사람이요"(행 11:24)라는 구절입니다.

저는 '착한 사람'이란 것을 일반적인 의미에서의 선함으로 이해했는데, 여기서의 의미는 바나바가 예수 믿고 하나님의 사람이 된 후에 그가 보여주었던 아름다운 삶의 모습을 가리켜 증언한 것입니다.

"바나바는 이제 정말 선한 사람이다!"

성령의 열매 중 양선(良善)의 열매가 있는데, 이것이 바로 선함의 열매입니다. 양선은 우리가 하나님의 선하심을 체험하고 선을 나누는 자로 인생을 살면서 하나님 앞에 드릴 수 있는 삶의 열매입니다. 당신이 지금 어떤 열악한 상황에 있든, 엎드려 부르짖음으로써 선한 목자 되셔서 우리 앞길을 인도하시는 하나님의 선한 손길을 경험할 수 있기를 바랍니다. 그리하여 결국에는 그 하나님의 선하심을 찬양하고 감사하며 그 선을 나누는 자로 살기로 결단함으로써 이 양선의 열매를 주님께 드릴 수 있기를 바랍니다. 그럴 때 주님은 당신을 바라보면서 "내 사랑하는 자여! 내 착하고 아름다운 자녀여!"라고 말씀하실 것입니다.

2부 성령에 속한 사람의 인격 중추

6장 자비는 십자가 체험에서 우러나온다

"다윗이 가로되 사울의 집에 오히려 남은 사람이 있느냐 내가 요나단을 인하여 그 사람에게 은총을 베풀리라 하니라 사울의 종 하나가 있으니 그 이름이 시바라 저를 다윗의 앞으로 부르매 왕이 저에게 묻되 네가 시바냐 가로되 종이 그로소이다 왕이 가로되 사울의 집에 남은 사람이 없느냐 내가 그 사람에게 하나님의 은총을 베풀고자 하노라 시바가 왕께 고하되 요나단의 아들 하나가 있는데 절뚝발이니이다 왕이 저에게 묻되 그가 어디 있느냐 시바가 왕에게 고하되 로드발 암미엘의 아들 마길의 집에 있나이다 다윗 왕이 사람을 보내어 로드발 암미엘의 아들 마길의 집에서 저를 데려오니 사울의 손자 요나단의 아들 므비보셋이 다윗에게 나아와 엎드려 절하매 다윗이 가로되 므비보셋이여 하니 대답하되 주의 종이 여기 있나이다 다윗이 가로되 무서워 말라 내가 반드시 네 아비 요나단을 인하여 네게 은총을 베풀리라 내가 네 조부 사울의 밭을 다 네게 도로 주겠고 또 너는 항상 내 상에서 먹을지니라"(삼하 9:1-7).

크리스마스가 가까운 어느 해 겨울, 미국 중서부의 한 작은 도시의 우체국에서 일어났던 일입니다. 할머니 한 분이 크리스마스 카드를 몇 장 붙이려고 우표를 사기 위해 줄을 서 있었다고 합니다. 그런데 크리스마스 시즌이다보니 줄이 굉장히 길었던 모양입니다. 그때 우체국 직원이 줄 서 있는 손님들에게 이

렇게 양해를 구했습니다.

"특별한 우편물이 아니고 일반 우표나 엽서를 사실 분들은 복도에 설치된 자동판매기를 이용하십시오."

그러자 많은 사람이 복도 쪽 자동판매기에서 우표를 샀습니다. 그런데 할머니는 여전히 그 줄에 서 계셨습니다. 나이 드신 분이 힘들게 서 계시는 모습을 본 우체국 직원이 다가가서 "할머니, 저기 가셔서 우표를 뽑으시면 더 빠른데요" 하고 말씀드렸습니다. 그러자 할머니가 우체국 직원에게 이렇게 말하더랍니다.

"저 기계는 나를 건강하게 해주지 못합니다."

이에 우체국 직원이 의아해하며 그게 무슨 뜻이냐고 묻습니다.

"내가 여기 자주 오는 거 알지요?"

"예, 그럼요."

"내가 여기 올 때마다 여러분들이 환한 웃음으로 맞아주고 또 친절하게 말을 건네주어서 내 몸이 아주 건강해지는 것을 느낍니다. 그런데 저 기계는 나를 그렇게 대해주지 않습니다. 건강하게 해주지 못하는 거죠."

이 할머니가 그리워하고 목말라했던 것은 친절입니다. 이 '친절'을 성경적 용어로 말하면 '자비'입니다. 구약성경에서는 이 용어가 '헤세드'라는 히브리어로 표기되었는데, 신약성경에 나타난 '아가페'와 상응하는 단어입니다. 영어 성경은 이 단어를 'kindness' 혹은 'gentleness'로 번역합니다. 헬라어 신약성경에서는 '크레스토테스'라는 단어를 사용해서 이 의미를 표현하고 있습니다. 우리가 잘 아는 갈라디아서 5장 22절에 나오는 성령의 열매 중 '자비'가 바로 그 단어입니다.

다윗의 자비

우리가 예수 믿고 성령을 소유하고 있다면 마땅히 자비의 열매를 맺어야 할 것입니다. 어떻게 하면 우리 인격에 자비의 열매를 맺을 수 있을까요? 먼저 성경에서 이 자비의 삶을 살았던 한 인물을 살펴보기로 합시다.

다윗은 그 당시 이스라엘의 왕이었던 사울에게 일평생 추적 당하면서 계속 생명의 위협을 받았습니다. 그러다가 결국 사울이 전쟁에서 죽고 다윗이 왕이 되었습니다. 처음에는 나라가 갈라져 있었으나 다윗은 하나님의 도우심으로 완전한 통일 왕국을 이루었습니다. 이때 다윗은 사울 왕의 자손이 남아 있는지 신하들에게 물어보았습니다. 그랬더니 사울의 손자이고 요나단의 아들인 므비보셋이 아직도 살아 있다는 소식을 듣게 되었습니다. 다윗은 그를 데려오도록 했습니다.

이스라엘도 동양권에 속하기 때문에, 왕조가 바뀌면 이전의 왕가는 멸절시키는 것이 관례였습니다. 적대 관계에 있던 왕이 죽고 새로운 왕가가 성립되었을 때는 더더욱 그러했습니다. 그러므로 므비보셋은 다윗이 자신을 찾는다는 소리를 들었을 때 '이제 내 생명은 끝났구나' 하고 두려움에 떨었을 것입니다. 그런데 므비보셋이 다윗 왕 앞에 나아왔을 때 뜻밖에도 다윗은 그를 환대합니다. 그리고 그에게 모든 기업을 회복시켜주고,

왕궁에 거하면서 왕의 식탁에서 함께 먹을 수 있는 특권을 베풀어주었습니다. 자비를 베풀어준 것입니다.

도대체 무엇이 다윗으로 하여금 이러한 자비를 베풀게 했을까요? 이 질문을 바꾸어 말하면 "우리가 자비의 사람이 되기 위해서는 무엇이 필요할까?" 하는 것이 됩니다.

먼저 하나님의 자비를 맛본 자라야

우리가 자비의 사람이 되려면 하나님의 은총 혹은 자비를 우리 자신이 먼저 경험해야 합니다. 본문 3절을 보십시오.

"왕이 가로되 사울의 집에 남은 사람이 없느냐 내가 그 사람에게 하나님의 은총을 베풀고자 하노라."

여기서 다윗이 '나의 은총을' 베풀겠다고 하지 않고 '하나님의 은총'을 베풀겠다고 했음을 주목하십시오. '은총'이라는 말은 히브리어로 '헤세드'라는 단어입니다. 이 단어는 구약성경에 250회나 나타납니다. '헤세드'란 하나님의 성실성에 근거한 사랑을 말합니다. 상대가 저주를 받아 마땅한 대상임에도 불구하고 그를 불쌍히 여겨 그를 저주하는 대신에 오히려 선대하고 친절을 베풀어주는 것, 그것이 바로 헤세드입니다.

우리가 하나님께 바로 그 사랑을 받았음을 아십니까? 우리가 잘 아는 에베소서 2장 8절을 보면 "너희가 그 은혜를 인하여 믿음으로 말미암아 구원을 얻었나니 이것이 너희에게서 난 것이 아니요 하나님의 선물이라"고 했습니다. 우리가 받은 구원이 우리 행위로 얻은 것이 아니라 하나님이 거저 주신 선물이라는 뜻입니다. 그런데 이 구절 바로 앞 절인 7절 말씀을 아십니까?

"이는 그리스도 예수 안에서 우리에게 자비하심으로써 그 은혜의 지극히 풍성함을 오는 여러 세대에 나타내려 하심이니라."

다시 말하면 하나님이 예수를 통해서 그 세대뿐만 아니라 오는 세대에 자비를 나타내기 원하셨으며, 그 결과 우리가 구원을 얻을 수 있었다는 것입니다. 거의 동일한 메시지가 디도서 3장 4, 5절에도 기록되어 있습니다.

"우리 구주 하나님의 자비와 사람 사랑하심을 나타내실 때에 우리를 구원하시되 우리의 행한 바 의로운 행위로 말미암지 아니하고 오직 그의 긍휼하심을 좇아 중생의 씻음과 성령의 새롭게 하심으로 하셨나니."

여기에서도 하나님의 자비로 우리가 구원받았다고 말씀합니다.

저는 다윗 왕이 구약 시대에 살았던 사람이지만 하나님의 자비를 알았다고 생각합니다. 그는 자신이 체험한 하나님의 자비와 은총이 너무나 소중한 것이어서 그 하나님의 자비를 다른 사람들에게도 베풀기 원했습니다. 다윗이 므비보셋에게 자비를 베풀게 된 것도 바로 이런 동기에서였을 것입니다.

다윗이 하나님의 자비를 체험한 대표적인 경우는 사무엘하 11장의 사건에서 알 수 있습니다. 거기에는 다윗이 자신의 신하인 우리야의 아내 밧세바와 간음하는 사건이 나옵니다. 다윗은 간음죄를 범하고 나서 그 죄책 때문에 매우 고통스러운 시간을 보냅니다. 결국 그는 자신의 죄를 토해내고 용서를 받고자 깊은 참회를 합니다.

시편 51편에서 다윗의 참회의 고백이 이렇게 시작됩니다. "하나님이여 주의 인자를 좇아 나를 긍휼히 여기시며 주의 많은 자비를 좇아 내 죄과를 도말하소서"(1절).

다윗이 자신의 죄책을 안고 하나님께로 달려가서 용서를 호소했던 근거는 바로 하나님의 자비입니다. 그는 이 하나님의 자비를 체험했습니다. 그래서 이 하나님의 자비를 다른 사람과 나누기 원했던 것입니다.

우리 역시 마찬가지입니다. 먼저 하나님의 자비를 체험한 자라야 자비의 사람이 될 수 있습니다. 당신은 아직도 하나님의 자비를 모르고 있습니까? 그렇다면 십자가 앞으로 나오십시오. 죄로 인해 하나님의 진노를 피할 수 없었던 나, 저주받아 마땅한 나를 있는 모습 그대로 받아주시고 보혈로 씻어주시고 하나님의 자녀로 삼아주신 것이 바로 하나님의 은혜요 자비가 아닙니까? 이 하나님의 자비의 강(江) 속에 빠지십시오. 그것이 자비의 열매를 맺는 첫걸음입니다.

채무 의식

우리가 자비의 사람이 되기 위해서는 둘째로 빚진 자 의식 또는 채무 의식을 가져야 합니다. 본문 1절은 이렇게 시작됩니다.

"다윗이 가로되 사울의 집에 오히려 남은 사람이 있느냐 내가 요나단을 인하여 그 사람에게 은총을 베풀리라 하니라."

거의 비슷한 표현이 7절에 또 나오고 있습니다. 다윗이 요나단의 아들 므비보셋을 만나자마자 말한 내용입니다.

"다윗이 가로되 무서워 말라 내가 반드시 네 아비 요나단으로 인하여 네게 은총을 베풀리라."

다윗과 사울 왕의 관계는 원수 관계입니다. 왜냐하면 사울이 다윗의 목숨을 노리고 집요하게 추적했기 때문입니다. 그런데 놀라운 것은, 하나님이 다윗을 살리기 위해서 사울 왕의 아들인 요나단과 다윗이 절친한 친구가 되게 하셨다는 사실입니다. 요나단은 아버지인 사울 왕이 잘못하는 거라고 생각하고 어떻게 해서든지 다윗의 목숨을 지키기 위해 애를 씁니다. 다윗은 그것을 잊지 않고 기억했습니다.

요나단이 다윗에게 어떻게 했는지 사무엘상 20장으로 가보겠습니다. 먼저 12절을 보십시오.

"요나단이 다윗에게 이르되 이스라엘의 하나님 여호와께서 증거하시거니와 내가 내일이나 모레 이맘 때에 내 부친을 살펴서 너 다윗에게 대한 의향이 선하면 내가 보내어 네게 알게 하지 않겠느냐."

다시 말하면, 사울 왕이 다윗을 죽이려고 하는지 살리려고 하는지 상황을 보고 판단해서 알려주겠다고 하는 것입니다.

이어지는 13절에서 "그러나 만일 내 부친이 너를 해하려 하거늘 내가 이 일을 네게 알게 하여 너를 보내어 평안히 가게 하지 아니하면 여호와께서 나 요나단에게 벌을 내리시고 또 내리시기를 원하노라"고 합니다. 요나단은 하나님을 두고 맹세합니다. 그러면서 이런 부탁을 합니다.

"너는 나의 사는 날 동안에 여호와의 인자를 내게 베풀어서 나로 죽지 않게 할 뿐 아니라 여호와께서 너 다윗의 대적들을 지면에서 다 끊어버리신 때에도 너는 네 인자를 내 집에서 영영히 끊어버리지 말라"(14, 15절).

요나단은 다윗에게 자신과 그의 자손을 선대해달라고 부탁하고 있습니다.

이 말을 하고 나서, 16절에 보면 요나단이 다윗의 집과 언약했다고 나옵니다. 약속을 한 것입니다. 후에 다윗은 요나단이 자신에게 베풀었던 은혜를 잊지 않고 그와의 약속을 기억했습니다. 다윗은 요나단에게 은혜의 빚을 지고 있다고 느꼈습니다. 그래서 므비보셋에게 선대하겠다고 합니다.

하나님의 은혜에 빚진 인생

우리 인생은 하나님께 빚진 인생입니다. 그러나 동시에 우리 주변의 사람들에게도 빚지고 있습니다. 존 던이라는 영국의 유명한 시인의 시에 이런 구절이 있습니다.

"우리는 외따로 떨어진 낱낱의 섬이 아니다. 우리는 대륙의 한 부분이다."

우리는 다 얽혀 있다는 것입니다. 우리는 모두 서로 도움을 주고받는 관계 속에서 살고 있습니다. 우리는 은혜를 빚지고 살아가는 존재들입니다. 바울은 어떻게 말합니까?

"헬라인이나 야만이나 지혜 있는 자나 어리석은 자에게 다 내가 빚진 자라"(롬 1:14).

물론 복음의 빚을 말합니다. 그러나 더 넓은 의미로 생각할 수도 있습니다.

깊이 생각해보면 우리는 다 빚진 자입니다. 예를 들어볼까요? 우리는 인도네시아 정글에 사는 사람들에게도 빚을 지고 있습니다. 왜 그런지 아십니까? 우리가 사용하는 가구 대부분이 인도네시아 산(産) 원목으로 만들어지기 때문입니다. 빚지지 않은 사람이 없습니다. 누군가의 땀 흘림으로 우리는 지금 여기에 살고 있습니다.

제가 조지 뮬러의 전기를 읽다가 위로받은 내용이 있어서 소개할까 합니다. 조지 뮬러는 영적인 거인입니다. 그런데 이 분이 뭘 잘 잃어버리곤 했다고 합니다. 이런 점에서 저하고 비슷해서 스스로 위로를 받았는데, 재미있는 것은 이 분이 물건이나 돈을 잃어버렸을 때 그것 때문에 괴로워한 적이 한 번도 없다는 사실입니다. 돈이나 물건을 잃어버려도 늘 "하나님, 필요한 사람이 그것을 가져가서 잘 사용하게 해주세요"라고 기도했다고 합니다.

이것이 바로 빚진 자의 의식입니다. 사실 따지고보면 우리가 다 하나님의 은혜에 빚지고 사는 인생들이기에 그 어느 것도 내 것이라 할 수 없습니다. 넉넉한 마음으로 이웃에게 자비를 베풀 수 있는 삶의 여유가 바로 여기에서 나오지 않나 생각해 봅니다.

원수에서 아들로

생각하기에 따라서 사울 왕의 손자인 므비보셋은 다윗 왕의 원수라고 볼 수도 있습니다. 살려두면 나중에 힘을 규합해 다시 일어나 다윗의 왕좌를 위협할 수 있는 존재이기 때문입니다. 그러나 다윗은 므비보셋을 원수로 대한 것이 아니라 아들로 대했습니다. 저는 이것이 하나님이 우리를 대하는 방식과 꼭 같다고 생각합니다.

어떻게 보면 우리는 하나님의 원수입니다. 아니 실제로 로마서에서는 우리를 '원수'라고 지칭합니다. 죄의 문제가 해결되지 않은 죄인 된 나를 향해서 거룩한 하나님은 진노하실 수밖에 없습니다. 우리는 하나님과 원수 관계에 있습니다. 그러나 하나님은 우리를 원수의 자리에 그대로 두기를 원치 않으셨습니다. 그래서 화목제물로 예수 그리스도를 보내십니다. 그분이 화목제물이 되어 십자가에서 피 흘리셔서 돌아가심으로 우리는 하나님과 화목한 관계를 맺게 되었습니다. 우리가 믿음으로 하나님 앞에 나아왔을 때, 그분은 나를 자녀로 받아주셨습니다. 원수가 자녀가 된 것입니다.

이러한 사건이 가장 극적으로 드러난 경우가 바로 돌아온 탕자의 이야기입니다. 아버지가 봤을 때 재산을 미리 챙겨가지고 나갔던 아들은 아마도 원수 같았을 것입니다. 그런데 나중에 그 원수 같던 아들이 거지 꼴을 하고 돌아왔을 때, 아버지는 그를 어떻게 맞이했습니까? "이 원수야! 보기 싫다. 당장 내 집에서 나가!" 이렇게 하지 않았습니다. "너는 잃었다가 다시 찾은 내 아들이다! 죽었다가 다시 산 내 아들이다!" 하면서 좋은 옷을 입히고 손에 가락지를 끼워주며 그를 아들로 회복시켜 주는 놀라운 장면을 볼 수 있습니다.

다윗에게서도 이와 동일한 모습을 볼 수 있습니다. 다윗은 그냥 인간적으로 므비보셋을 대한 것이 아닙니다. 하나님이 우리를 대하시는 것처럼 자비를 베풀었습니다. 여기 나오는 므비보셋의 모습이 바로 죄인들의 그림자입니다. 그가 본래는 왕자였지만 이제는 반역자이고 도망자의 처지가 되었습니다. 그런데 다윗이 먼저 그를 찾습니다. 하나님이 우리를 찾듯 말입니다.

4절에 보면 "그가 어디 있느냐?" 하고 므비보셋을 찾는 다윗의 모습이 나옵니다. 이에 시바가 '로드발' 이란 곳에 있다고 답합니다. 이 지명의 의미도 재미있습니다. '로'는 '아니다, 없다' 는 뜻이고 '드발' 은 풀을 가리킵니다. 그러니까 '로드발' 은 풀이 없는 곳, 황무지란 뜻입니다. 므비보셋은 황무지, 외로운 광야에서 살고 있었습니다.

또한 그는 장애인이었습니다.

"므비보셋이 항상 왕의 상에서 먹음으로 예루살렘에 거하니라 그는 두 발이 다 절뚝이더라"(삼하 9:13).

그는 다른 사람의 도움이 없으면 생존이 불가능한 절망적인 처지에 있던 사람입니다. 그런데 하나님이 우리에게 먼저 찾아오시듯 다윗이 그를 먼저 찾아갔습니다.

그리고 그 이름을 부릅니다.

"므비보셋이여"(6절).

'므비보셋' 이란 이름도 재미있습니다. '부끄러운 자' 라는 뜻인데, 외로운 광야에서 버림받은 채 살고 있는 우리 자신의 모습이 아닌가 합니다. 그런 우리를 하나님이 찾아오셨습니다. 그리고 어떻게 말씀하고 있습니까?

"다윗이 가로되 무서워 말라 내가 반드시 네 아비 요나단을 인하여 네게 은총을 베풀리라 내가 네 조부 사울의 밭을 다 네게 도로 주겠고 또 너는 항상 내 상에서 먹을지니라"(7절).

거룩한 가족 의식

다윗은 므비보셋의 기업을 회복시켜주고 왕의 식탁에서 함께 먹으며 왕과 교제할 수 있는 특권을 주었습니다. 이것은 일회용의 자선이 아니었습니다. "항상 내 상에서 먹을지니라"고 했습니다. 10, 13절에도 '항상'이라는 단어가 계속 강조됩니다.

"너와 네 아들들과 네 종들은 저를 위하여 밭을 갈고 거두어 네 주인의 아들을 공궤하라 그러나 네 주인의 아들 므비보셋은 '항상' 내 상에서 먹으리라 … 므비보셋이 '항상' 왕의 상에서 먹음으로 예루살렘에 거하니라."

므비보셋은 다윗 왕이 자신을 부른다고 했을 때 인생 끝장난 줄 알고 절망했을 것입니다. 그런데 이것이 웬 파격적인 은혜입니까? 그의 기업을 회복시켜주고 왕의 식탁에서 함께 먹자고 말씀하시니…. 이것은 아들에 대한 대우입니다. 실제로 11절에도 므비보셋이 왕자 대우를 받았다고 나옵니다.

"시바가 왕께 고하되 내 주 왕께서 온갖 일을 종에게 명하신 대로 종이 준행하겠나이다 하니라 므비보셋은 왕자 중 하나처럼 왕의 상에서 먹으니라."

8절에 보면 므비보셋이 다윗 앞에 엎드려서 이런 고백을 합니다.

"저가 절하여 가로되 이 종이 무엇이관대 왕께서 죽은 개 같은 나를 돌아보시나이까."

'절망했던 나에게 이 엄청난 은혜를 베푸심이 웬일입니까?'

이것은 우리 이야기입니다.

하나님은 우리를 원수로 보지 않고 아들로 보셨습니다. 우리가 전도할 때도 이런 시각으로 사람들을 봐야 합니다. 나와 아무런 관계도 없는 사람이 아니라 예수 믿으면 하나님의 자녀로서 내 형제가 될 사람들로 보고 대해야 합니다. 우리가 왜 이웃들에게 무관심하고 불친절합니까? 나와 관계가 없다고 생각하니까 그렇습니다. 그러나 "그들도 하나님을 아버지라고 부르는 내 형제가 될 사람들이다"라는 가족 의식을 가지면 다르게 대하게 됩니다.

믿는 사람들끼리도 조금은 안 좋은 관계가 될 수 있습니다. 그러나 형제라면 언젠가는 불화의 문제를 반드시 해결해야 합니다. 그렇지 않으면 편히 눈을 감을 수 없습니다. 그것이 가족 의식입니다. 다시 품을 수밖에 없는 마음, 그것이 자비입니다.

크리스토테스, 크리스토스

'친절' 혹은 '자비'란 단어가 헬라어로 '크레스토테스'라고 했습니다. 그런데 재미있는 것은, 이 단어가 '그리스도'를 뜻하는 '크리스토스'라는 단어와 발음이 비슷하여 초대교인들이 둘을 혼동했다는 것입니다. 그래서 믿지 않는 사람들도 그리스도의 이미지를 친절하고 자애로운 분으로 생각했다고 합니다. 그래서 그리스도의 제자이면서도 친절하지 않은 사람에게는 "당신은 그리스도인인데 왜 친절하지 않습니까?"라고 물었다고 합니다. 그리스도인에게 이런 좋은 이미지가 주어진 것은 아주 긍정적인 일입니다.

며칠 전에 기분 좋은 경험을 했습니다. 제 아내가 엘리베이터를 타고 집에 들어와서는 밝은 얼굴로 "여보, 오늘 제가 기분 좋은 소리를 들었어요" 하는 것입니다.

"뭔데?"

아내의 말이, 엘리베이터에서 만난 한 이웃이 우리 부부가 너무나 친절하다고 칭찬을 해주었다는 것입니다. 기분이 좋았습니다. 우리 그리스도인들이 특별히 믿지 않는 이웃에게 이런 좋은 이미지를 주도록 노력해야 한다고 생각합니다.

나의 므비보셋은 어디에

제가 최근 링컨의 전기를 읽고 여러 가지 면에서 많은 감동을 받았습니다. 그 내용 중에 한 가지를 소개할까 합니다. 남북전쟁이 한창이었을 때의 이야기입니다. 크리스마스가 가까운 어느 겨울 날, 링컨은 어떻게 하면 크리스마스를 뜻깊게 보낼 수 있을까 고민했습니다. 한참을 생각한 후에 그는 전쟁 중에 부상당한 병사들을 위로하기로 마음 먹고 야전 병원을 찾아갔습니다. 그곳에는 많은 부상자들이 침대에 누워 있었습니다.

링컨은 그 부상자들 중에 피를 몹시 많이 흘리고 있는 한 병사 곁에 다가가서 "힘들지요? 아프지요? 제가 뭘 도와드릴까요?" 하고 말을 건넸습니다. 그러자 이 병사는 그가 대통령인 줄 모르고 얼떨결에 "편지 좀 써주세요" 하고 부탁을 했습니다. 링컨은 그 병사가 부르는 대로 편지를 받아 적었습니다.

"사랑하는 어머니, 저는 부상이 너무나 심해서 어쩌면 이대로 세상을 떠날지도 모르겠어요. 어머니, 부디 이 아들이 자랑스럽게 싸웠다는 것을 알아주세요. 어머니를 그리워하면서 먼저 천국에 갑니다."

링컨은 그 병사의 이름을 적고 난 다음 자신이 대서(代書)했음을 밝히기 위해 그 아래 자신의 서명을 했습니다.

이 병사는 편지를 건네받아서 읽다가 아브라함 링컨의 서명을 보고는 깜짝 놀랐습니다.

"대통령이시군요! 이렇게 찾아주셔서 너무나 감사합니다."

그러자 링컨이 "아닙니다. 감사해야 할 사람은 바로 접니다.

나라를 위해 이렇게 훌륭하게 싸운 당신 같은 사람이 있어서 얼마나 감사한지 모르겠습니다. 혹시 더 도와드릴 일이 있으면 말씀해보십시오"라고 말했습니다. 그 병사는 "아니에요. 저를 찾아주신 것만 해도 너무 감사해요. 마지막으로 제 손 한 번만 꼭 잡아 주세요"라고 말하고는 갑자기 숨을 가쁘게 몰아쉬었습니다. 링컨은 그의 손을 꼭 잡아주었습니다. 얼마 후 그 병사는 아주 편안한 얼굴로 조용히 눈을 감았습니다. 링컨은 그의 볼에 입맞추며 이렇게 속삭였습니다.

"내 아들이여, 메리 크리스마스!"

후에 링컨이 회고하기를, 그때 죽어가는 병사에게 친절을 베풀 수 있었던 일이 자기 생애 최고로 소중한 추억이 될 것이라고 했습니다. 우리가 하나님의 친절과 자비를 경험한 사람들이라면, 그리고 그 은혜 때문에 우리가 하나님의 자녀가 되어 살고 있다면, 우리는 이 친절을 누구에게 베풀어야 하겠습니까? 당신의 므비보셋은 어디에 있습니까?

3부 성령에 속한 사람의 인격 완성

7장  충성은 소유가 아니라 존재의 행복을 위해 매진하는 것이다

8장 온유란 비겁한 자의 처신이 아니라 가장 용감한 자의 견덕이다

9장 절제는 분명한 목표를 가진 자에게서 나온다

우리 주님이 주시는 상은 노벨상과는 비교도 안 되는 값진 것임을 기억하십시오. 썩지 아니할 면류관, 주님 앞에서 영원토록 기뻐할 수 있는 그 상급에 대한 열망을 갖는다면 우리는 절제의 열매를 풍성하게 맺을 것입니다. 썩지 아니할 면류관을 얻을 자로 주님 앞에 인정받으려면 우리는 어떤 종류의 삶을 살아야 할까요? 뚜렷한 목표를 세우고 거기에 필요한 훈련을 기쁘게 받으면서 절제하며 믿음으로 전진하십시오.

3부 성령에 속한 사람의 인격 완성

7장 충성은 소유가 아니라 존재의 행복을 위해 매진하는 것이다

"또 어떤 사람이 타국에 갈제 그 종들을 불러 자기 소유를 맡김과 같으니 각각 그 재능대로 하나에게는 금 다섯 달란트를, 하나에게는 두 달란트를, 하나에게는 한 달란트를 주고 떠났더니 다섯 달란트 받은 자는 바로 가서 그것으로 장사하여 또 다섯 달란트를 남기고 두 달란트 받은 자도 그같이 하여 또 두 달란트를 남겼으되 한 달란트 받은 자는 가서 땅을 파고 그 주인의 돈을 감추어 두었더니 오랜 후에 그 종들의 주인이 돌아와 저희와 회계할새 다섯 달란트 받았던 자는 다섯 달란트를 더 가지고 와서 가로되 주여 내게 다섯 달란트를 주셨는데 보소서 내가 또 다섯 달란트를 남겼나이다 그 주인이 이르되 잘 하였도다 착하고 충성된 종아 네가 작은 일에 충성하였으매 내가 많은 것으로 네게 맡기리니 네 주인의 즐거움에 참예할지어다 하고 두 달란트 받았던 자도 와서 가로되 주여 내게 두 달란트를 주셨는데 보소서 내가 또 두 달란트를 남겼나이다 그 주인이 이르되 잘 하였도다 착하고 충성된 종아 네가 작은 일에 충성하였으매 내가 많은 것으로 네게 맡기리니 네 주인의 즐거움에 참예할지어다 하고"(마 25:14-23).

1947년, 미국 시카고 근교에 있는 위스콘신주의 천체 연구소에서 근무하고 있던 천체 물리학자인 첸드레이카 박사의 이야기입니다. 하루는 이 박사님이 시카고대학으로부터, 겨울 방학 동안 학생들에게 고고물리학 특강을 해주십사 하는

요청을 받았습니다. 그는 흔쾌히 승낙했습니다. 그런데 수주 후에 그 대학에서 다시 전화가 오기를 고고물리학 특강의 수강을 신청한 학생이 두 명밖에 안 되어서 아무래도 폐강해야 할 것 같다는 것이었습니다. 그러자 이 박사님이 이렇게 대답했습니다.

"학생 수가 적은 것은 아무런 상관이 없습니다. 제 강의를 신청한 그 두 학생이 어떤 학생인지 자료를 보내주시겠습니까?"

그래서 대학 측에서는 그 학생들에 대한 자료를 보내주었습니다. 박사님은 그 두 학생을 위해 위스콘신에서 시카고까지, 2시간 이상 되는 거리를 운전해 가서 매주 이틀씩 강의를 했습니다.

그로부터 꼭 10년이 지난 후에 이 두 학생이 모두 물리학 분야에서 노벨상을 받게 되었습니다. 첸린 양과 충도 리라는 중국계 미국 과학자들이 그 주인공입니다. 이 두 사람은 노벨상 수상석상에서 이렇게 술회했습니다.

"우리가 이 상을 받을 수 있었던 결정적인 전기를 마련해주신 분은 바로 첸드레이카 박사님입니다."

두 학생을 앞에 놓고 열과 성을 다해 강의하신 그 박사님의 성실함이 이런 아름다운 영광의 열매를 거두게 한 것입니다.

본문은 우리에게 익숙한 달란트 비유입니다. 이 비유에서 우리는 다섯 달란트, 두 달란트, 한 달란트씩 받았던 종들이 주인이 떠나간 후 두 명은 열심히 일해서 '착하고 충성된 종'이라는 칭찬을 받고 한 명은 주인의 뜻에 합하게 행하지 못한 까닭에 '악하고 게으른 종'이라는 책망을 받았다는 것을 알고 있습니다. 두 명의 종이 "착하고 충성되다"는 칭찬을 받게 된 것은 무엇 때문일까요?

갈라디아서 5장 22절의 성령의 열매 중에 일곱 번째 열매가 바로 충성의 열매입니다. 우리가 한평생을 살고 나서 주님 앞에서 충성된 종으로 인정받으려면 어떠한 마음가짐으로 살아야 할까요? 무엇이 우리를 충성된 종이 되게 합니까? 본문을 통해서 이 질문에 대한 답을 찾아보기로 하겠습니다.

청지기, 주인의 뜻을 생각하는 자

하나님께 충성된 자로 인정되기 위한 가장 중요한 조건은 청지기 의식, 다른 말로 하면 맡은 자 의식이라고 생각합니다. 본문의 서두에 나오는 말씀을 보십시오.

"또 어떤 사람이 타국에 갈제 그 종들을 불러 자기 소유를 맡김과 같으니"(14절).

여기에 '맡겼다'는 말이 나옵니다. 그러니까 이 종들의 입장에서 볼 때 그들은 맡은 자들이었습니다. 주인이 맡긴 것을 관리하는 사람, 일종의 매니저라고 할 수 있습니다. 그들은 주인이 아니라 주인의 것을 맡은 자들입니다.

맡은 자로서 좋은 관리자는 누구입니까? 끊임없이 주인의 뜻을 생각하며 행하는 자입니다.

'주인은 이것을 어떻게 사용하기를 기대하셨을까?'

이것이 그의 주된 관심사입니다. 주인에게서 얼마나 받았느냐 하는 것은 중요하지 않습니다. 진정 중요한 것은 어떻게 하면 주인의 뜻을 따라 그것을 잘 선용하느냐 하는 것입니다.

여기서 우리는 한 달란트 받았던 종에게 관심을 가질 필요가 있습니다. 그가 왜 책망을 받았을까요? 본문에 구체적으로 나와 있는 것은 아니지만 간과할 수 없는 중요한 힌트가 있습니다. 바로 19절 말씀에 나오는 '오랜 후에'라는 단어입니다.

"오랜 후에 그 종들의 주인이 돌아와 저희와 회계할새."

주인이 떠나간 후 한참의 시간이 흘렀습니다. 돌아온다고 했는데 시간이 가도 주인이 오지 않습니다. 그러자 이 한 달란트 받은 종은 주인이 아마 영영 돌아오지 않을지도 모른다는 생각을 했을 것입니다. 그 생각이 들자, 그는 더 이상 자신이 맡은 것에 관심을 기울이지 않게 되었을 것입니다. 이러한 추측이 가능한 근거는 본문이 포함되어 있는 마태복음 25장 전체의 강조점이 무엇인가 하는 데 있습니다.

마태복음 24, 25장은 기독교 신앙의 가장 중요한 사건인 예수님의 재림에 대해 다루고 있습니다. 주님은 다시 오신다고 약속하셨습니다. 우리는 예수님이 재림하실 것을 믿습니다. 그러나 우리가 그 교리를 머리로 믿는 것과 마음으로 믿고 그것을 우리 삶에 적용하는 것은 별개의 문제입니다. 주님이 다시 오셔서 역사를 심판하시고 내 삶의 결과를 심판하신다는 사실을 참으로 믿는다면, 그 회계의 날을 위해서 오늘 하루도 주님 앞에서 좀더 진지하게 살아가지 않을 수 없을 것입니다. 우리가 왜 멋대로 살까요? '그냥 이렇게 살다가 죽는 거지' 하는 생각이 마음속에 자리잡고 있기 때문입니다.

준비된 삶

기독교 신앙을 가리켜서 종말론 신앙이라고 합니다. '종말론 신앙'이라고 하면 일반적으로 세상의 끝이 오니까 보따리 싸들고 집에서 뛰쳐나와 산에 가서 기도하는 사람들을 연상합니다. 그러나 성경이 종말에 대해 강조하는 바는 무엇입니까? 그것은 주님이 오실 날이 언제인지 모른다는 것입니다. 그 날은 비밀에 속합니다. 무슨 얘기입니까? 그 날은 오늘일 수도 있습니다. 내 삶이 오늘 당장 이 땅에서 끝날 수도 있습니다. 그러면 나는 주님 앞에 서서 내 삶을 결산해야 합니다. 오늘 오실 수도 있는 그분 앞에서 부끄러움 없이 내 인생을 결산할 수 있도록 준비된 삶을 살아야 한다는 것, 그것이 바로 성경이 강조하는 종말론 신앙의 가장 중요한 핵심입니다.

중요한 것은 우리가 주님으로부터 얼마나 많이 받았느냐 하는 것이 아닙니다. 사실 아무것도 받지 않은 인생은 없습니다. 우리는 시간, 돈, 건강한 몸, 특별한 재능 등 많은 것을 받았습니다. 물론 상대적으로 다른 사람에 비해 적게 받은 자도 있습니다. 그러나 한 번뿐인 삶의 기회는 누구에게나 공평하게 주어졌습니다. 중요한 것은 이 기회를 어떻게 사용하느냐 하는 것입니다. 마지막 날에 주님이 심판하실 것은 얼마나 많이 맡았느냐가 아니라 자신이 맡은 것을 얼마나 잘 사용했느냐 하는 것입니다.

어떤 사람에게는 뛰어난 재능을 주셨지만 어떤 사람에게는 보통의 재능을 주셨습니다. 그러나 뛰어난 재능을 가지고도 별 볼 일 없는 인생을 사는 사람이 있는가 하면, 자신이 가진 적은 재능을 한껏 발휘하면서 아름답게 사는 사람도 있습니다.

그 결산의 날, 우리의 삶은 두 종류로 나뉘어질 것입니다. 하나는 '착하고 충성된 종'으로 인정받는 삶이고, 또 하나는 '악하고 게으른 종'으로 낙인 찍히는 삶입니다. 우리는 어디에 속할까요? 무엇이 그 차이를 만들겠습니까? 저는 주인의 뜻을 행하고자 하는 청지기 의식이 그 차이를 낳는다고 생각합니다. 그 날에 '착하고 충성된 종'으로 인정받을 수 있도록 당신이 이 말씀을 통하여 다시 한번 맡은 자 의식을 확인할 수 있기를 바랍니다.

주인의 성실함을 닮은 자

주님 앞에 충성된 자로 인정받기 위하여 가져야 할 두 번째 중요한 태도는 바로 신뢰 의식입니다. 주님이 다섯 달란트, 두 달란트 받은 사람을 칭찬하면서 '착하고 충성된 종'이라고 했는데, 여기서 '충성'이라는 말은 '믿음'이라는 말과 거의 의미가 같습니다. 헬라어로는 '피스토스'라는 형용사가 사용되었는데, 이것은 '믿음직스러운'이라는 뜻입니다. 이 말은 철저하게 내면의 성실성을 가리키는 말입니다.

우리가 살고 있는 시대는 겉으로 보여주기 위해서 쇼(show)를 하는 시대입니다. 믿을 수 없는 시대입니다. 제가 어떤 자매한테서 들은 이야기인데, 그 자매가 비서를 구한다는 광고를 보고 한 사무실을 찾아갔다고 합니다. 벤처 기업을 하는 사장이 조그만 사무실을 연 모양인데, 그 사람이 자기 비서를 맡을 사람은 자기를 아주 유능한 사람으로 선전해줄 수 있어야 한다고 하더랍니다. 그런데 둘이 이야기를 나누는 중에 밖에서 누가 문을 두드렸습니다. 그러니까 갑자기 그 사장이란 사람이 "쉿!" 하더니, 벨이 울리지도 않은 전화 수화기를 들고는 뭐라고 한참 떠들어댑니다. 밖에서 기다리던 사람이 문을 살짝 열자, 이 사장이 "회장님, 제가 한번 찾아뵙지요" 하고 전화를 끊었습니다. 그러고는 문 밖의 방문객에게 "죄송합니다. 모 기업의 회장님과 통화중이었습니다. 어떻게 오셨지요?" 하고 정중하게 묻더랍니다. 유니폼을 입은 그 방문객은 "사무실을 새로 내셨다고요? 전화선 연결하러 왔습니다" 하지 뭡니까? 사장이란 사람이 김빠졌겠지요?

물론 자매는 그 회사를 선택하지 않았을 겁니다. 우리 시대는 이렇게 믿을 수 없는 사람들로 가득 찼습니다. 이런 시대에 우리가 어떻게 믿을 수 있는 사람이 될 수 있을까요? 본문에 나오는 '충성된'이란 말은 성실하다는 의미입니다. 성경이 말하는 성실성은 성실하게 살겠다는 자기 결단에서 시작되는 것이 아닙니다. 성실하신 하나님을 믿음으로 고백하는 데서부터 시작됩니다.

우리가 믿는 하나님은 성실하신 하나님입니다. 그분은 자신의 성실로 우주를 관리하고 섭리하십니다. 그분이 우리를 부르셨을 때는 우리에게 성실한 사명을 맡겨주셨습니다. 하나님과 그분의 성실하심을 믿고, 또 이 세상에는 우리가 추구해야 할 성실한 가치가 있음을 믿을 때, 거기서부터 우리의 성실함이 시작되는 것입니다.

본문에 나타난 한 달란트 받았던 종이 나중에 왜 책망을 받았을까요? 그는 처음부터 주인에 대해 잘못 생각하고 있었던 것 같습니다. 마태복음 25장 24절을 보십시오.

"한 달란트 받았던 자도 와서 가로되 주여 당신은 굳은 사람이라 심지 않은 데서 거두고 헤치지 않은 데서 모으는 줄을 내가 알았으므로."

그는 주인을 '굳은 사람'이라고 했는데, 이는 다른 말로 번역하면 '인색한 사람'이라는 뜻입니다.

왜 이 한 달란트 받은 종이 주인을 인색한 사람이라고 생각했을까요? 아마도 그는 자기 동료들이 받은 달란트의 양을 보고 자기에게만 적게 주는 것에 대해 불공평하다고 생각했던 모양입니다. 그러나 이 한 달란트는 결코 적은 양이 아닙니다. 그 당시 한 달란트면 한 사람이 20년 동안 생활할 수 있는 그런 비용입니다. 굉장히 큰 액수입니다. 당신이 20년 동안 걱정하지 않고 살 수 있는 재물을 가졌다고 상상해보십시오. 결코 적지 않은 액수입니다. 그런데도 종은 '주인이 나에게 큰 액수를 맡겼구나'라고 생각하지 않고 '주인이 나를 못 믿어서 이것밖에 안 맡겼구나' 하고 생각했습니다.

불평은 항상 비교하는 데서 시작됩니다. '저 사람은 다섯 달란트, 이 사람은 두 달란트인데 나는 왜 한 달란트냐?' 이런 비교가 인생을 비참하게 만드는 것입니다. '비교' 하니까 곧바로 생각나는 얘기가 하나 있습니다.

비교 or 신뢰

미국의 어떤 조그만 도시 교회에 목사님 한 분이 새로 부임하셨습니다. 와보니까 그 도시에서 불량하기로 소문난 형제 둘이 그 교회에 출석하고 있었습니다. 이들은 동네에서도 말썽을 피우고 교회에 와서도 사람들에게 상처를 주는 아주 큰 골치덩어리였습니다. 그러던 어느 날 형이 사고로 세상을 떠났습니다. 그러자 동생이 목사님을 찾아와서 엄청난 액수가 적힌 수표를 한 장 내밀면서 형의 장례를 부탁하며 이렇게 말합니다.

"목사님, 우리 형님이 죽었는데 교회에서 장례를 치러주시면 고맙겠습니다. 장례식만 잘 치러주시면 교회 건축 비용은 제가 책임지겠습니다. 단 한 가지 조건이 있습니다. 장례를 집례하실 때 우리 형님이 성자(聖者)였다고만 한 말씀 해주십시오."

목사님이 한참 생각하다가 이를 승낙했습니다. 드디어 장례식 날이 되었습니다. 동네의 유명한 깡패가 죽었기 때문에 동네 사람들이 다 모였습니다. 목사님의 설교 말씀이 시작되었

고, 결정적으로 고인(故人)의 행실에 대해 얘기하는 대목에 이르렀습니다.

"고인은 여러분이 주지하는 바처럼 우리 동네 모든 사람에게 고통을 안겨준 장본인입니다. 우리가 이 사람 때문에 얼마나 불안해하고 두려워했는지 모두 아실 것입니다. 고인은 우리 모두의 가슴에 커다란 부담이 되었던 사람임에 틀림없습니다. 그러나 이 분은 살아 있는 동생에 비교한다면 분명히 성자였습니다."

비교를 하면 불평이 생기고 불평을 하기 시작하면 한이 없습니다. 한 달란트 받은 종이 액수 때문에 불평을 했다면, 두 달란트 받은 자도 불평할 소지가 있었습니다. 그런데 그가 다섯 달란트 받은 자와 자기를 비교해서 불평한 흔적은 전혀 찾을 수 없습니다. 한 달란트가 결코 작은돈이 아니라고 했습니다. 주인이 나를 믿고는 이렇게 큰돈을 맡겨주었다고 생각하고 그것을 감사하게 받아서 주인의 뜻에 합당하게 살면 그것이 바로 성실입니다.

저는 '성실' 혹은 '충성'이란 말을 접할 때면 모세를 생각하게 됩니다. 신명기 32장 4절에서 모세는 하나님에 대해 이런 고백을 합니다.

"그는 반석이시니 그 공덕이 완전하고 그 모든 길이 공평하며 진실 무망하신 하나님이시니."

여기서 '진실 무망하신'이라는 말은 영어로 'faithful'입니다. 하나님을 '성실하신' 분으로 고백하는 것입니다.

하나님이 모세를 처음 부르시고 그를 통해서 이스라엘 백성을 인도하시겠다고 했을 때 모세가 얼마나 핑계를 많이 댑니까?

"하나님, 저 못해요. 저는 그럴 만한 자격이 없어요. 말도 잘 못하고 설득할 수도 없고 이 백성을 데리고 나갈 수도 없어요."

"네가 말을 잘 못하면 아론을 대변자로 붙여줄게. 내가 도와줄 테니 한번 해봐."

처음에는 못한다고 하다가 "하나님이 도와주신다면 하나님 믿고 해보지요" 해서 그 다음부터 모세의 리더 생활이 시작됩니다.

하나님이 초기에 리더로서 일하는 모세를 가만히 보시면서 이렇게 말씀하십니다.

"그는 나의 온 집에 충성됨이라"(민 12:7).

모세는 하나님 앞에 인정을 받았습니다. 무엇이 그를 이렇게 만들었습니까? 바로 하나님에 대한 신뢰입니다. 그렇습니다. 믿을 수 없는 사람들로 가득한 이 세상, 그러나 성실하신 우리 하나님은 성실한 삶의 계획을 갖고 성실한 가치를 위하여 살라고 우리를 부르십니다. 우리가 이 하나님을 신뢰한다면 우리의 삶도 성실을 향한 발걸음을 옮기게 될 줄로 믿습니다. 이것이 바로 신뢰하는 의식입니다.

존재, 참인생의 가치

인생을 살아가는 사람은 크게 두 가지 유형으로 나눌 수 있는데, 하나는 소유를 위해서 사는 인생이고 다른 하나는 존재를 위해서 사는 인생입니다. 에리히 프롬이라는 유명한 심리학자가 "소유냐 존재냐?"라는 말을 했습니다. 오늘 이 땅에 살고 있는 대부분의 사람들은 소유를 위해 살아가고 있습니다. 더 많은 물질과 돈, 지식과 성공과 권력을 얻기 위해서 그들은 분투합니다. 그런가 하면 아주 소수이기는 하지만 어떤 사람들은 자신이 어떤 존재인지, 어떤 존재가 되어야 하는지 거기에 의미를 부여하면서 살아갑니다.

저는 본문에 나타난 주인이 다섯 달란트, 두 달란트 받았던 종을 칭찬한 이유가 꼭 그들이 이윤을 남겼기 때문은 아니라고 생각합니다. 물론 그들이 그만큼 남긴 것은 잘한 일이고 사실이지만, 그보다는 그만큼의 이윤을 남기기 위해서 그들이 나타내보인 성실한 삶의 자세를 바라보면서 칭찬했다고 생각합니다. 주님이 칭찬하신 내용을 주목해보십시오.

"착하고 충성된 종아"(21절).

종의 업적이나 결과를 칭찬한 것이 아니라 그의 태도와 인격을 칭찬하고 있습니다.

심판의 날, 우리는 삶의 결과만 가지고 주님 앞에 서는 것이 아닙니다. 어떤 과정을 어떤 자세로 통과했는지, 그리하여 우리 존재가 어떤 모습으로 성숙되어왔는지 주님은 물으실 것입니다. 이 세상을 살 때 우리는 마지막 날에 주님이 우리의 존재 자체에 대해 심판하시리라는 이 엄숙한 사실을 기억해야 합니다.

주님이 칭찬하시는 다음 내용은 무엇입니까?

"네가 작은 일에 충성하였으매 내가 많은 것으로 네게 맡기리니 네 주인의 즐거움에 참예할지어다"(21절).

다섯 달란트라면 한 사람이 100년은 먹고살 수 있는 어마어마한 돈입니다. 그런데 다섯 달란트 받은 자가 또 다섯 달란트를 남겼으니 200년을 먹고살 수 있는 엄청난 돈이 된 것입니다. 저라면 이런 사람에게 "내가 너에게 어마어마한 것을 맡겼고 또 네가 열심히 일해서 어마어마하게 남겼구나! 따라서 너는 나에게 어마어마한 종이다!"라고 칭찬할 텐데 주인은 그렇게 칭찬하지 않았습니다.

그는 그저 종이 작은 일에 충성하였다고 말합니다. 주인이 보기에는 다섯 달란트 남긴 것도 작은 일이라는 말입니다. 저는 그것이 하나님의 관점이라고 생각합니다. 하나님은 사람들이 생각하는 크고 작은 일의 기준과 다르게 보시는 분입니다. 사람은 큰 일이라고 생각되는 일을 맡으면 우쭐대고 작은 일이라고 생각하면 아예 맡으려 하지 않습니다. 그러나 하나님께는 모든 일이 크고 중요한 일일 수 있습니다. 사람이 생각하는 하찮은 일이 하나님께는 큰 일일 수 있습니다.

어떤 사람이 진정한 봉사를 했는지의 여부는 그가 얼마나 중요한 자리에서 얼마나 큰 일을 했느냐 하는 것보다 그 자리를 물러난 후 그의 삶이 어떠한가를 보면 알 수 있습니다. 은퇴 이후의 삶을 보면 그가 과연 그 직책을 위해서 일했는지 아니면 진정한 소명을 가지고 일했는지 드러나게 되어 있습니다. 저는 그런 의미에서 대통령을 그만두고 나서 사람들에게 더욱 칭찬과 존경을 받은 지미 카터 집사님을 좋아합니다.

한 기자가 지미 카터의 퇴임 후 생활을 소개하면서 이런 유명한 기사를 썼습니다.

"그는 아마도 백악관이 목적이 아니었던 유일한 대통령이었을 것이다!"

대부분의 정치인의 최종 목표가 무엇입니까? 미국에서는 백악관 입성이고 우리나라에서는 청와대 입성이 아니겠습니까? 그러나 카터의 목표는 하나님과 사람을 섬기는 것이었습니다. 대통령은 그 과정에서 얻은 하나의 자리에 불과했습니다. 그러니까 백악관을 떠나도 자기 인생의 목적은 그대로인 것입니다.

대통령을 그만두고 고향으로 돌아왔을 때 그는 다시 작은 교회에 출석했습니다. 옛날처럼 주일학교에서 반사로 섬기면서 성경도 가르치고, 한 달에 한 번 부인 로잘린 여사와 함께 꼭 교회 청소를 했습니다. 심지어 그것을 구경하러 오는 사람들도 많았다고 합니다. 어떤 날은 교인 수보다 구경꾼들이 더 많다고 합니다.

뿐만 아니라 그는 한 달에 한 번 '헤비타트 사역'(Habitat Ministry)에 참여하여 집 없는 사람들에게 집을 지어주는 일을 합니다. 그리고 카터 연구소에 나가서 부지런히 공부합니다. 국제적인 분쟁이 일어날 때마다 사람들은 여기저기서 카터를 보내달라고 합니다. 카터라면 아주 객관적이고 중립적인 중재자가 될 수 있다고 생각하기 때문입니다. 그는 김일성이 죽기 전에 자신이 유일하게 믿을 수 있는 사람이라고 한 인물입니다. 날이 갈수록 그 삶의 빛이 더 아름답고 더 감동을 주는 사람, 그의 삶의 비밀은 그의 업적이나 소유 때문이 아니라 존재 때문입니다.

존재의 행복

도미노 피자와 미국 프로야구 디트로이트 타이거스의 구단주였던 토마스 모네게의 이야기를 읽은 적이 있습니다. 이 사람은 젊은 사업가로서, 회사를 키워 당대 최고의 부자가 되고자 하는 야망을 갖고 부지런히 사업을 확장했습니다. 결국 그는 꿈대로 큰 부자가 되었습니다. 그러던 어느 날, 중년에 접어든 그가 갑자기 인생에 대해 깊은 허무를 느꼈습니다. 물론 그는 교회에 출석하는 사람이었습니다. 하지만 지금까지 자신의 인생이 헛된 것은 아니었을까 생각하면서 진지한 고민을 하게 되었습니다. 그 고민의 계기가 된 것은 독실한 친구가 전해 준 C. S. 루이스의 책이었습니다.

그 책을 읽고 감동을 받은 모네게는 진행중이던 화려한 개인

주택 건축공사를 중단시켰습니다. 그 당시 그는 27에이커의 땅에 미국에서 최고로 멋있는 집을 지으려고 공사중이었습니다. 아무리 큰 교회라고 해도 그 건축면적이 2에이커 남짓 하는데, 27에이커면 얼마나 규모가 큰지 아시겠지요? 그는 자신의 집을 짓는 그 공사를 중단하고 설계를 변경해서 자선사업을 위한 '구제사업 장학재단' 건물을 지었습니다. 또 자신이 살던 집을 팔아 더 작은 집으로 이사했다고 합니다. 시카고 트리뷴지 기자와의 인터뷰에서 그는 이렇게 얘기합니다.

"나는 살던 집보다 더 작은 집으로 옮겼습니다. 또 우리 회사는 앞으로 전과 같은 방법을 쓰지 않기 때문에 이익이 조금씩 줄어들지도 모릅니다. 그렇지만 나는 지금까지 전혀 느껴보지 못한 행복을 느끼고 있습니다. 나는 이것을 존재의 행복이라고 말하고 싶습니다. 소유는 신기루 같은 헛된 환상을 약속합니다. 그것은 사실 행복이 아닙니다. 그러나 존재가 가져다주는 행복, 그것은 하나님을 만난 자가 그분의 손길을 의지하여 인생을 빚어갈 때 느낄 수 있는 진솔한 행복입니다."

그렇습니다. 언젠가는 우리에게 인생을 결산할 시간이 올 것입니다. 그 마지막 순간에 우리의 창조주요 심판주이신 주님이 우리를 바라보시면서 과연 "착하고 충성된 나의 종아! 네가 작은 일에 충성했구나! 이제 나와 함께 저 영원을 즐기자!"라고 말씀하실 수 있을까요? 그러기 위해서는 하나님이 내게 맡기신 일이 무엇인지 발견하고 그 일을 귀하게 여기며 주님의 인도하심을 따라 하루하루를 살아가야 할 것입니다. 성실하고 충성된 종의 인생을 삶으로써 당신에게도 이런 아름다운 결산이 있기를 바랍니다.

3부 성령에 속한 사람의 인격 완성

8장 온유란 비겁한 자의 처신이 아니라 가장 용감한 자의 전략이다

"모세가 구스 여자를 취하였더니 그 구스 여자를 취하였으므로 미리암과 아론이 모세를 비방하니라 그들이 이르되 여호와께서 모세와만 말씀하셨느냐 우리와도 말씀하지 아니하셨느냐 하매 여호와께서 이 말을 들으셨더라 이 사람 모세는 온 유함이 지면의 모든 사람보다 승하더라"(민 12:1-3).

우리가 참된 그리스도인이 되기 위해서 반드시 고백해야 할 기독교의 가장 중요한 교리가 있는데, 그것은 "예수님이 하나님이시다" 하는 고백입니다. 예수 그리스도가 바로 전지전능하신 하나님 자신이라는 것입니다.

제가 막 예수 믿고 나서 어린 그리스도인이었을 때 이 교리를 이해하려고 애를 썼는데, 어떤 이미지의 혼란이 와서 무척 어려웠습니다. 무슨 말이냐 하면, 우리가 크리스마스 시즌이 되면 구유에 누인 아기 예수를 찬미하는데, 저에게는 그 구유에 누인 아기와 전능하신 하나님의 이미지가 연결되지 않았던 것입니다.

　세월이 흘러갈수록 저는 이것이 기독교 신앙의 신비 중의 신비라는 사실을 확인하게 되었습니다. 그래서 한 신학자는 이런 말을 했습니다.

　"성육신(成肉身)의 사건이야말로 연약함과 부드러움 속에 나타나신 하나님의 강함의 역설이다."

　누가 이 구유에 누인 어린아이에게 위협을 느낄 수 있겠습니까? 누구나 쉽게 접근할 수 있도록 아기의 모습으로 오신 예수님, 바로 이 아기에게서 우리는 하나님의 진정한 지혜와 능력을 확인하게 됩니다. 저는 이것이 크리스마스의 신비라고 생각합니다.

바로 이 아기 예수가 자라나서, 팔레스타인의 고단한 민중들을 바라보며 이런 놀라운 초청을 하십니다.

"나는 마음이 온유하고 겸손하니 나의 멍에를 메고 내게 배우라 그러면 너희 마음이 쉼을 얻으리니"(마 11:29).

저는 크리스마스의 예수, 아기로 오신 예수, 그 예수에게서 볼 수 있는 온유함이야말로 우리 그리스도인들이 평생을 걸고 달성해야 할 인격의 소중한 열매라고 생각합니다.

갈라디아서 5장 22절에서 바울은 성령의 열매에 대해 말하면서 온유를 여덟 번째로 언급합니다. 온유란 진정 무엇일까요? 저는 온유함의 본질을 알기 위해서는 예수님을 공부하는 것이 제일 좋다고 생각합니다. 그런데 왠지 하나님이신 그분과 우리 사이에는 어떤 거리감이 느껴집니다. 이 장에서는 예수님이 오시기 훨씬 전에 예수 그리스도의 오심을 준비하기 위해 이 땅에 온 하나님의 놀라운 선지자, 모세의 삶에 나타난 한 사건을 통해서 온유함의 본질이 무엇인지 생각해보겠습니다.

재혼 문제를 둘러싸고

본문은 모세의 재혼 문제를 중심으로 일어났던 에피소드입니다. 모세의 첫번째 아내는 미디안 제사장 이드로의 딸 십보라였습니다. 이스라엘 사람 편에서 볼 때는 모세가 국제결혼을 했다고 할 수 있습니다. 아마도 본문의 사건은 십보라가 죽고 나서 모세의 재혼 문제를 둘러싸고 일어났던 사건이었을 것입니다.

본문은 이렇게 시작합니다.

"모세가 구스 여자를 취하였더니"(1절).

'구스'란 말은 이디오피아를 말합니다. 이스라엘의 유명한 역사가인 요세푸스는 자신의 연대기에서 모세가 이디오피아 공주와 결혼했다는 기록을 남기고 있습니다. 그런데 그것이 역사적으로 얼마나 정확히 고증될 수 있는지는 모르겠습니다. 어쨌든 모세가 재혼을 하면서 또 한 번의 국제결혼을 했다는 것은 사실입니다.

그런데 이 사건 때문에 가족들 사이에 논쟁이 벌어집니다. 본문 1절을 보십시오.

"모세가 구스 여자를 취하였더니 그 구스 여자를 취하였으므로 미리암과 아론이 모세를 비방하니라."

미리암은 모세의 누나이고 아론은 모세의 형입니다. 가족들이 모세의 재혼을 싫어해서 비방한 것입니다. 미리암이 먼저 언급된 것을 보면 미리암이 주도적으로 비방하지 않았을까 생각합니다. 아마도 "네가 첫 부인도 외국 사람을 얻더니 재혼하면서도 외국 사람을 얻니?" 하면서 비방하지 않았을까 합니다.

모세가 어떤 대답을 했을까요? 모세의 대답은 본문에 나와 있지 않습니다. 그런데 2절에 보면 "그들이 이르되 여호와께서 모세와만 말씀하셨느냐"고 하는 구절이 나옵니다. 미리암과 아론이 따지듯이 하는 이 말로 미루어보건대, 아마도 모세가 형과 누나의 비방을 듣고 이렇게 말했던 것 같습니다.

"저도 고민 많이 했어요. 또 외국 여자를 얻어야 하는지 어떤지 고민이 되어서 하나님께 기도했어요. 그랬더니 하나님이 이 여인과 결혼하는 것이 하나님의 뜻이라고 말씀해주셨어요. 그래서 저는 확신을 갖게 된 거라구요."

그러자 미리암과 아론이 "하나님이 너에게 그런 말씀을 하셨다면 우리들에게는 왜 말씀하시지 않았겠느냐?" 하면서 따지고 든 것 같습니다. 특별히 미리암이 이 논쟁을 주도적으로 이끌었을 것 같은데, 아마도 시누이 올케 관계의 미묘함이 작용해서 그러지 않았을까 추측해봅니다.

한걸음 더 나아가서, 이스라엘 백성들이 애굽 땅에서 나온 후에 가나안 땅을 향해 가는 과정에서 모세가 지도자 역할을 담당하고 미리암과 아론이 조력자 역할을 했는데, 미리암의 마음속에 어떤 불만이 있었는지도 모르겠습니다. 백성들의 초점이 모두 모세에게만 모아지니까 미리암의 입장에서는 자신도 지도자 역할을 해보고 싶다는 마음이 있었을 법합니다. 홍해를 건너고 난 후에 미리암이 주도적으로 찬양의 축제를 벌였던 것을 보면, 그녀도 보통 성격은 아니었던 것 같습니다. 그녀의 마음속에 있던 모세에 대한 이런 불만이 이 재혼 사건을 통해서 분출되었을 가능성이 있습니다.

여하튼, 형제들의 비방에 대해서 모세가 어떤 반응을 보였는지 본문은 말하지 않습니다. 모세는 조용히 침묵을 지켰을 가능성이 큽니다. 형제들의 비방과 비난에도 불구하고 침묵을 지키는 모세의 모습을 보면서 하나님이 3절과 같은 판단을 하시지 않았을까요?

"이 사람 모세는 온유함이 지면의 모든 사람보다 승하더라."

모세가 지상의 어떤 사람보다 온유함이 뛰어난 사람이라고 하나님이 말씀하십니다. 모세의 온유함, 그 본질은 무엇입니까?

원수 갚는 것은 내게 있으니

먼저, 온유는 분노의 감정을 다스리는 것이라고 생각합니다. 온유를 헬라어로 '프라오테스'라고 하는데, 이 단어는 본래 중동(中東) 지방에서 사나운 들짐승이 가축으로 자라 그 성질이 길들여진 상태를 가리키는 말이었습니다. 그러니까 이 단어가 가진 가장 중요한 핵심의미는 '잘 다스려졌다'는 뜻입니다.

고대 철학자인 아리스토텔레스는 온유함의 덕(德)을 정의하면서 다음과 같은 고전적 정의(定義)를 내렸습니다.

"온유란 분노와 무관심 사이에 존재하는 절제된 중용의 감정이다."

저는 이 말이 온유를 아주 훌륭하게 표현하고 있다고 생각합니다. 화가 났을 때 우리들 대부분의 반응은 둘 중의 하나입니다. 분노를 폭발시키든가 그렇지 않으면 아예 화가 난 대상이나 사건을 모른 척하고 살든가 하는 것입니다. 무관심은 일종의 도피입니다. 도피한다고 해결되는 것은 아닙니다. 그렇게 함으로써 고통을 외면해보려는 것이지요. 그러나 진정한 온유란 무관심이 아닙니다. 그렇다고 분노를 폭발하는 것도 아닙니다. 이 분노와 무관심 사이에 존재하는 치우치지 않은 어떤 절제된 감정, 그것이 바로 온유함입니다.

본문의 사건을 보면, 모세는 분노를 폭발시키지도 않았고 그렇다고 모른 척하지도 않았습니다. 그는 자신의 감정을 잘 다스릴 수 있었습니다. 모세가 이런 상황에서 자신의 감정을 다스릴 수 있었던 비밀은 도대체 무엇일까요? 본문에는 나와 있지 않지만, 4절 이하의 내용을 보면 모세가 하나님과 대화하는 장면이 나옵니다. 모세는 형제들에게 이런 비방을 받고 나서 틀림없이 기도했을 것입니다. 그가 하나님을 바라보았던 것입니다. 모세는 아마도 이렇게 기도했을 것입니다.

"하나님, 저 억울해요. 그러나 하나님은 사실을 아시잖아요. 저는 아무것도 안 할 거예요. 하나님이 어떻게 좀 해주세요."

저는 이런 모세의 태도야말로 하나님의 자녀다운 태도라고 생각합니다. 우리가 인간관계에서 상처를 받았을 때 혹은 우리 삶 가운데 원수가 생겼을 때, 성경은 우리가 그 원수를 어떻게 대해야 한다고 말씀합니까? 구약에서 신약에 이르기까지 성경이 매우 일관성 있게 강조하고 있는 중요한 원리 중 하나는 "네가 직접 원수 갚지 말라! 대신 하나님의 진노하심에 맡기라!" 하는 것입니다.

모세가 하나님께 그 문제를 맡기자 하나님이 간섭하셔서 일하십니다. 결국 미리암이 어떻게 되었습니까? 문둥병자가 되었습니다. 하나님이 신임하는 종을 비방하였기에 하나님이 진노하신 것입니다. 우리가 억울하거나 고통스러운 일을 당할 때 해야 하는 가장 중요한 일은 하나님을 바라보는 것입니다. 전능하고 공의로우신 하나님을 바라보며 그분이 일하실 것을 믿을 때, 우리는 자신의 감정을 통제할 수 있는 여유를 갖게 됩니다. 그때 우리의 인격에 형성될 수 있는 덕목이 바로 온유함입니다.

종소리의 여운을 넘어서

분노의 감정을 다스리는 것을 온유라고 했는데, 어찌 보면 이것은 온유의 소극적인 면이라고 할 수 있습니다. 분노의 감정을 잘 다스리는 것, 물론 필요한 일이고 중요합니다. 그러나 거기서 그쳐서는 안 됩니다. 한걸음 더 나아가 상대를 용서하는 자리에까지 이르러야 합니다. 만약 우리가 상대를 용서하지 않는다면 우리 안에 보복의 마음이 들끓게 될 것이고, 언젠가는 그것이 폭발할 것입니다.

본문을 보면서 아주 인상적인 것은 모세의 행동에 보복의 의지가 전혀 나타나지 않는다는 점입니다. 앞에서도 언급했듯이 모세가 이 사건을 경험하면서 취한 유일한 행동이 있었다면 그것은 기도하는 것이었습니다. 기도하는 순간 용서가 시작됩니다. 당신에게 정말 용서하기 어려운 대상이 있습니까? 그렇다면 당신이 할 일이 있습니다. 바로 기도하는 것입니다. 그를 위해 기도하기 시작하면 당신 안에 용서할 수 있는 에너지가 솟아오를 것입니다. 기도가 용서의 시작인 것입니다.

기도하면 용서할 수 있습니다. 물론 그 용서가 한순간에 바로, 쉽게 되는 것은 아닙니다. 한동안은 계속 아픈 마음을 쥐고 있어야 할지도 모릅니다. 그러나 중요한 것은 우리가 용서하기로 결단해야 한다는 것입니다. 성경은 "네 마음에 용서하고 싶은 생각이나 느낌이 들거든 용서하라"고 가르치지 않습니다. 용서하라고 명령합니다. 당신이 진정한 그리스도인이라면, 그리하여 성경 말씀을 하나님의 말씀으로 받는다면, 용서하라는 하나님의 명령에 순종하십시오.

"하나님, 용서가 잘 되지 않아요. 그러나 용서하라고 하셨으니 용서하기로 제 마음을 결단합니다. 하나님, 제가 용서를 선언합니다. 이제 정말 용서할 수 있는 자리에 설 수 있도록 도와주십시오."

이렇게 기도하면 용서할 수 있는 에너지가 그 속에서 생길 것입니다.

유태인 수용소에서 나치 독일의 잔인한 핍박과 고문을 받으면서 언니의 죽음을 지켜봐야 했던 화란의 유명한 그리스도인인 코리텐 붐 여사가 있습니다. 그 할머니는 2차세계대전이 끝난 후 독일 사람을 용서하는 용서 운동에 앞장섰던 분입니다. 그러나 그 분도 처음에는 그 용서가 쉽지 않았다고 고백합니다.

"나는 정말 성경말씀처럼 용서하고 싶었다. 그러나 실제로 내 삶 속에 용서가 행동으로 나타나는 것은 쉽지 않은 일이었다."

용서하는 일이 너무나 어렵게 느껴지자 여사는 자신이 출석하던 교회의 목사님을 찾아갔습니다.

"목사님, 제가 정말 독일 사람들을 마음으로부터 용서하기 원했고 실제로 용서한다고 선언했어요. 그런데도 제 마음에서 그들에 대한 미움이 가시지 않습니다. 어떻게 하면 좋을까요?"

목사님이 한참 얘기하다가 코리텐 붐에게 이렇게 얘기했습니다.

"자매님, 지금 교회 종 칠 시간이 됐는데 저를 따라오시겠어요?"

그래서 둘이 교회 종탑으로 올라갔습니다. 목사님은 줄을 잡아당겨서 종을 열 번 치고 줄을 놓으면서 이렇게 말했습니다.

"코리 자매님, 제가 이 종을 다 쳤거든요. 그리고 줄을 놓았어요. 그런데도 종이 아직까지 울리고 있지요. 제가 종을 그만 치겠다고 선언했음에도 불구하고 이 종소리는 한동안 계속 울립니다. 그러나 보세요. 지금은 그 소리가 다 그쳤지요? 자매님, 자매님이 용서를 선언했으면 이제는 기다리세요. 주님이 일하실 것입니다. 그리고 자매님은 마침내 자유하게 될 것입니다."

중요한 것은 우리가 하나님의 말씀 앞에 순종하는 것입니다.

일단 용서를 결단하십시오. 당신에게 어떤 고통과 상처를 준 사람이 있다면 그 사람을 용서하기로 선언하십시오. 그것이 하나님이 요구하시는 바입니다. 그리고 그것이 바로 우리 주님이 보여주셨던 모본이 아니겠습니까?

주님이 십자가에 못박히셨을 때, 자기를 못박았던 사람들을 내려다보시면서 어떻게 기도하셨습니까?

"아버지여 저희를 사하여 주옵소서 자기의 하는 것을 알지 못함이니이다"(눅 23:34).

우리가 바로 그 예수 그리스도의 제자라면, 우리에게 상처와 고통을 준 사람들을 향하여 용서를 선언해야 할 것입니다. 그것이 바로 온유의 용기입니다.

축복, 진정한 용서의 열매

온유의 그 다음 단계는 우리가 용서한 그 사람을 축복하는 것입니다. 우리가 상대방을 정말 깨끗이 용서했다면 마음으로부터 그를 축복할 수 있어야 합니다. 그것이 본문에서 모세가 보여주었던 모본입니다. 민수기 12장 13절 말씀을 보십시오.

"모세가 여호와께 부르짖어 가로되 하나님이여 원컨대 그를 고쳐주옵소서."

모세가 누이 미리암을 위해서 기도합니다. 진정한 용서는 상대방을 온전히 회복시켜줄 수 있는 것이어야 합니다.

어떤 사람이 나를 공격하고 비판하면 나는 상처를 받습니다. 그러나 나만 상처를 받는 것이 아닙니다. 사실은 나를 비판하고 공격했던 그 사람에게도 상처가 있습니다. 그래서 그를 회복시켜주어야 합니다. 내가 그를 위해 축복하며 기도할 때 그 사람은 온전히 회복될 수 있습니다. 그것이 진정한 온유의 열매입니다.

어느 날 잡지를 읽다가 이스라엘 외교사(外交史)에 있었다는 감동적인 이야기 한 편을 접하게 되었는데, 지금도 그 이야기가 생생하게 기억납니다. 이스라엘은 항상 시리아, 레바논, 이집트 등 주변국들과 불편한 관계를 맺고 있습니다. 지금도 마찬가지입니다.

이 이야기는 제리 레빈이라는 사람이 레바논 주재 이스라엘 외교관으로 근무하고 있었을 때의 일입니다. 한번은 이스라엘과 레바논의 관계가 악화되어 레바논이 이스라엘에 선전포고를 하게 되었습니다. 그래서 전쟁이 일어났고, 레바논에서는 이스라엘의 외교관인 제리 레빈을 인질로 잡았습니다. 이때 레바논 당국에서는 제리 레빈의 부인인 씨스 레빈을 고향 이스라엘로 돌려보내려 했습니다. 그런데 이 씨스 레빈이라는 여자가 자기 조국으로 돌아가기를 거부합니다. 남편이 잡혀 있는 곳에

함께 있겠다고 고집했던 것입니다. 그래서 부인도 레바논에 남게 되었습니다.

전쟁은 그칠 줄 모르고 남편은 감옥에 갇혀서 언제 죽을지 모르는 이 상황에서도, 씨스 레빈 부인은 전에 늘 해오던 대로 매일 아침 레바논의 유치원에 가서 온 종일 열심히 아이들을 가르쳤습니다. 마치 아무 일도 일어나지 않은 것처럼 말입니다. 또 저녁 시간에는 일주일에 두세 번씩, 치매 노인들을 돌보아주는 곳에 가서 그들을 위해 성심껏 봉사했습니다.

이 씨스 레빈을 따라다니던 레바논의 경찰들이 그 모습을 보고 마음에 감동을 받았습니다. 그래서 그 사실을 상부에 보고했습니다. 그러자 레바논 당국에서도 인질로 잡고 있는 제리 레빈을 잘 돌봐주라는 특별 명령을 내렸습니다. 한편 제리 레빈은 조국 이스라엘을 대표해서 레바논 당국을 설득하며 계속해서 평화를 이끌어내기 위해 노력했습니다. 그러자 상황이 조금씩 호전되었고, 드디어 양국간 평화 협정을 맺기로 결정되었습니다. 크리스마스 날 아침, 레바논 정부는 제리 레빈을 석방하고 평화 협정에 서명했습니다.

이 사건 직후에 이스라엘 사람들은 제리 레빈과 그 부인의 공로를 높이 사면서 이런 기록을 남겼습니다.

"레바논 정부의 관리들을 감동시켰던 씨스 레빈 부인의 그 순수한 섬김, 그것이 양국간의 평화 협정이라는 아름다운 열매를 맺게 했다."

저는 이것이 바로 우리 그리스도인이 할 일이라고 생각합니다. 로마서 12장 19절에 보면 "원수 갚는 것이 내게 있으니 내가 갚으리라고 주께서 말씀하시니라"고 했습니다. 그리고 그 다음 구절이 무엇입니까?

"네 원수가 주리거든 먹이고 목마르거든 마시우라"(20절).

다시 말하면 원수를 갚지 않겠다는 것으로 끝내지 말고 한걸음 더 나가서 원수를 축복하라는 말입니다. 그럴 때 우리는 상대의 머리에 숯불을 쌓아놓는 셈이 되며, 결국은 선으로 악을 이기게 될 것입니다(20,21절).

변명하는 자들을 위하여

제가 온유에 대한 말씀을 나누면서 권면할 때 어떤 분은 "목사님, 저는 천성이 온유하지 못해서 안 될 것 같아요"라고 말씀하십니다. 그러나 모세의 경우를 생각해보십시오. 모세가 천성이 온유했던 사람입니까? 성경에 나타난 모세의 모습을 볼 때 전혀 그렇지 않았던 것 같습니다. 어떤 증거가 있습니까? 예를 들어서, 모세가 애굽에 있을 때 자기 동족이 애굽 사람들에게 핍박받는 광경을 보고 화가 나서 애굽 관리를 쳐죽인 일이 있습니다. 분을 참지 못하고 혈기를 부리는 모세의 모습 속에서 천성적인 온유함을 발견하기란 어려운 일입니다.

모세는 열정적인 사람이었습니다. 어떤 의미에서는 성질이 급한 사람이기도 했습니다. 그런데 본문에서 하나님은 그를 지상의 어떤 사람보다도 온유한 자라고 말씀하십니다. 모세의 성품이 이렇게 변화된 계기는 무엇입니까? 아마도 그가 하나님께 기도하면서 그 인격이 점차 다듬어졌기 때문일 것입니다. 그렇다고 해서 모세가 완벽한 성자(聖者)가 된 것은 아닙니다. 이후에도 모세가 화를 참지 못하고 실수하는 장면이 나옵니다.

이스라엘 백성을 이끌고 광야 길을 가는 중에 그들이 모세에게 목마르다고 불평을 합니다. 전에도 반석에서 물을 낸 적이 있는데도 또 불평을 하니까 모세는 화가 났습니다. 그래서 하나님이 말씀하신 대로 반석을 향하여 명령하지 않고 지팡이를 들어서 반석을 쳤습니다. 결국 반석에서 물이 나오긴 했지만, 이 일로 모세는 가나안에 들어가지 못하게 됩니다.

제가 모세였다면 이 장면에서 무척 억울했을 것 같습니다. "하나님, 너무하십니다. 제가 여기까지 백성들을 인도한 공로가 있지 않습니까? 한 번 화를 냈기로서니 그것 때문에 가나안에 안 들여보내신다니 너무 억울합니다" 하면서 따졌을 것 같습니다. 성경에는 모세의 반응이 전혀 기록되어 있지 않습니다. 저는 이 순간에 모세가 자신의 실수를 깨달았다고 생각합니다. '하나님, 그래요. 제가 또 실수했습니다. 참 미안합니다' 하면서 곧장 온유함의 자리로 다시 돌아갔을 거라고 생각합니다.

모세는 완벽한 사람은 아니었습니다. 그러나 분명히 처음과는 다른 성품으로 점차 변해갔습니다. 그리고 마침내 그 온유함이 성경에 기록되고 하나님의 인정을 받기에 이릅니다. 왜 하나님은 온유의 성품을 중요하게 생각하실까요? 온유한 사람이라야 하나님이 쓰실 수 있기 때문입니다.

온유함이란 감정이 다스려진 것을 말합니다. 당신이 회사 사장이라면 일꾼을 쓸 때 어떤 사람이 제일 다루기 힘들 것 같습니까? 감정이 불안정해서 언제 어떻게 변할지 모르는 사람입니다. 그런 사람에게는 일을 맡길 수가 없습니다. 하나님도 마찬가지입니다. 그분의 쓰임을 받을 만한 사람은 온유한 사람이어야 합니다. 하나님은 모세를 그런 사람으로 보시고 위대한 과업을 맡기신 것입니다.

예수님이 어떻게 말씀하십니까?

"온유한 자는 복이 있나니 저희가 땅을 기업으로 받을 것임이요"(마 5:5).

예수님은 유약한 모습으로 십자가에 달리셨습니다. 그러나 무력으로 예수님을 십자가에 매달았던 로마제국은 얼마 안 가서 무너지고 맙니다. 그러나 십자가에 달리셨던 그 예수님은 어떻습니까? 지금도 수많은 사람들의 가슴과 영혼에 감동을 주고 그들의 인생을 바꾸고 계시지 않습니까? 또한 수많은 열방 민족들에게 찬양과 경배와 존귀를 받고 계시지 않습니까? 온유한 자가 마지막 승리자가 된다는 사실을 기억하십시오. 당신도 예수님과 같은 온유한 인격을 소유함으로써 하나님께 쓰임받는 축복을 누릴 수 있기 바랍니다.

3부 성령에 속한 사람의 인격완성

9장 절제는 분명한 목표를 가진 자에게서 나온다

"운동장에서 달음질하는 자들이 다 달아날지라도 오직 상(賞) 얻는 자는 하나인 줄을 너희가 알지 못하느냐 너희도 얻도록 이와 같이 달음질하라 이기기를 다투는 자마다 모든 일에 절제(節制)하나니 저희는 썩을 면류관을 얻고자 하되 우리는 썩지 아니할 것을 얻고자 하노라 그러므로 내가 달음질하기를 향방 없는 것같이 아니하고 싸우기를 허공을 치는 것같이 아니하여 내가 내 몸을 쳐 복종하게 함은 내가 남에게 전파한 후에 자기가 도리어 버림이 될까 두려워함이로라"(고전 9:24-27).

미국의 농구 코치 가운데 카튼 피시먼스라는 사람이 있었다고 합니다. 이 분이 맡은 팀은 게임에서 항상 꼴지 하는 것으로 유명했습니다. 놀라운 사실은, 이 코치가 계속 꼴지를 면치 못하는데도 구단주가 그를 해고하지 않고 그냥 두었다는 것입니다. 이 코치도 양심이 있지, 매번 꼴지만 하니까 미안하지 않겠습니까? 그래서 한번은 선수들을 모아놓고 이렇게 말했습니다.

　"여러분, 우리가 이번 한 번은 꼭 이겨봅시다. 지금까지는

우리가 항상 경기에 졌지만, 이번에는 우리 팀이 지금까지 모든 경기를 이겨왔던 팀인 척하고 결승전에 임한다는 각오로 해 봅시다."

승리하려면 심리적 전술과 전략이 필요하다고 생각한 코치가 선수들에게 자신감을 심어주기 위해 한 말입니다. 그런데도 팀은 경기에 또 지고 말았습니다. 코치가 너무 화가 나서 "내가 아까 한 말을 어떻게 들었길래 또 졌느냐"고 고함을 치자, 선수 하나가 코치에게 "그냥 우리 팀이 이긴 척하시지요"라고 말했다고 합니다.

이 에피소드의 교훈은, 승리는 심리적인 전술이나 태도만 가지고는 얻을 수 없다는 것입니다. 승리하려면 실력이 있어야 합니다. 그리고 실력은 훈련 없이 하려면 만들어지지 않습니다. 그러므로 승리와 패배를 결정짓는 요인은 바로 훈련 여부에 있다고 말할 수 있습니다.

성경이 '훈련'이라는 말 대신 사용하는 매우 독특한 용어 가운데 하나가 '절제'라는 단어입니다. 절제를 헬라어로는 '엥크라테이아'라고 하는데, 이 단어의 본래 뜻은 '훈련을 목적으로 모든 종류의 욕망을 자제하는 것'입니다. 영어로는 'self-control'이라고 번역합니다.

갈라디아서 5장 22절에 보면 바울이 성령의 열매에 대해 말할 때 사랑과 희락과 화평과 오래 참음과 자비와 양선과 충성과 온유와 절제 순서로 열거합니다. 절제의 열매를 마지막에 쓴 것은 바울이 그 덕목을 제일 중요하게 여기고 강조하고 싶어서가 아니었을까 생각합니다. 왜냐하면 절제의 훈련 없이는 바울이 지금까지 말한 모든 인격적인 열매가 불가능하기 때문입니다.

연초가 되면 우리들은 어김없이 그 해의 목표를 세웁니다. 그러나 한 해를 마감할 즈음, 우리가 세운 목표를 얼마나 이루었는지 돌아볼 때는 아쉬움과 후회가 밀려오는 경우가 많습니다. 왜 그럴까요? 시간이 흐를수록 처음의 목표가 희미해지고 열망도 줄어들면서 우리의 삶이 처음의 결심과는 많이 멀어지게 되기 때문입니다.

그리스도인들이 하나님이 주시는 꿈과 비전을 이루려면 무엇보다 나 자신을 절제하며 노력하는 것이 필요합니다. 그러나 절제는 결코 구호만으로 되지 않습니다. 어떤 분명한 동기가 있을 때 우리는 스스로를 절제할 힘을 갖게 됩니다. 그렇다면 우리에게 동기를 부여해주는 삶이란 어떤 삶일까요? 어떤 삶을 열망할 때 절제의 열매를 맺을 수 있을까요?

내가 내 몸을 쳐 복종하게 함은

우리가 절제의 열매를 맺기 위해서는 첫째로 하나님께 쓰임받는 삶을 열망해야 합니다. 바울은 본문에서 그리스의 고린도교회에 편지를 씁니다. 이 편지에서 바울은 인생을 하나의 경주로 보고 있습니다. 그리스는 고대 올림픽이 탄생한 나라이기도 합니다. 또 고린도라는 도시에서는 그 당시에 '이투미안'이라는 유명한 연례 체전이 벌어지고 있었습니다. 그리스 문화적 전통에 따르면, 그 당시 사람들의 평생에 가장 큰 명예는 이투미안 체전에 선수로 나가는 것이었다고 합니다. 또 그 체전에서 선수 자격을 상실하는 것을 최대의 불명예로 여겼습니다. 바울은 이런 문화적 배경을 염두에 두고 본문을 쓰고 있습니다.

본문 마지막 절인 27절을 보십시오.

"내가 내 몸을 쳐 복종하게 함은 내가 남에게 전파한 후에 자기가 도리어 버림이 될까 두려워함이로라."

여기서 '버림'이라는 말은, 구원받았다가 다시 구원받지 못한 상태로 떨어진다는 의미라기보다 주님께 쓰임을 받고 있는 상황에서 더 이상 주님이 쓰시지 않게 되었다는 것을 의미합니다. 그래서 어떤 신학자는 이 '버림'이란 단어를 'disqualify'(자격을 박탈하다)라는 말로 번역했습니다. 자격을 상실해서 더 이상 선수로 쓰임을 받지 못한다는 것은 얼마나 불명예스러운 일입니까?

1988년 9월 27일 아침, 캐나다의 CBC 뉴스 시간에 다음과 같은 내용이 보도되었습니다.

"여러분, 오늘은 100미터 세계 신기록 보유자인 우리의 국가적 영웅 벤 존슨이 약물 복용으로 선수 자격을 상실하고 그 모든 기록이 취소된 날입니다. 이것은 우리 국가의 수치입니다."

이어서 기자가 벤 존슨과 인터뷰한 내용이 보도되었습니다. 기자가 "당신은 왜 약물을 복용했습니까?"라고 묻자 그는 이렇게 대답했다고 합니다.

"그동안 나는 훈련을 등한히 여기고 꾀를 부렸습니다. 그렇지만 챔피언은 되고 싶었고, 그래서 할 수 없이 약물을 복용했습니다."

사람은 목표 혹은 소명이 분명하지 않을 때 훈련하고자 하는 의욕을 상실할 수 있습니다. 그리고 이런 사람은 더 이상 쓰임 받을 수 없습니다. 여러 가지로 부족하고 연약하지만 생애 마지막 순간까지 하나님께 쓰임받는 인생을 살고 싶다면, 우리는 훈련을 피해 갈 수 없습니다. 그런 면에서 본문 27절에 "내가 내 몸을 쳐 복종하게 한다"는 말은 얼마나 의미심장한 단어입니까? 바울은 그렇게 자기 자신을 훈련하면서 살겠다는 것입니다. 하나님께 쓰임받기 위해서.

요한복음 15장 16절을 보면 예수님이 이렇게 말씀하십니다. "너희가 나를 택한 것이 아니요 내가 너희를 택하여 세웠나니 이는 너희로 가서 과실을 맺게 하고 또 너희 과실이 항상 있게 하여…."

주님이 우리를 택하여 세운 이유는 우리로 항상 열매를 맺게 하기 위함이라고 합니다. 항상 열매를 맺는 삶, 그것은 유용한 삶입니다. 그러나 이렇게 쓰임받는 삶을 살기 원한다면 절제해야 합니다. 우리는 쓰임받기 원하는 만큼 절제할 수 있습니다. 이 두 가지는 병행합니다.

복음을 위하여 모든 것을 행함은

우리가 절제하는 삶을 살기 위해서는 둘째로 목표 있는 삶을 열망해야 합니다. 바울은 본문 말씀을 기록하면서 아마도 두 가지 경기를 연상했을 것입니다. 우선 24절의 "운동장에서 달음질하는 자들이"라는 표현으로 미루어보아 육상 경기를 생각한 것 같습니다. 또 26절의 "싸우기를 허공을 치는 것같이 아니하여"라는 표현은 권투 경기를 염두에 둔 것이 아닌가 생각합니다.

먼저 육상 경기에서, 모든 선수들은 출발 신호를 듣고 사력을 다해 결승선을 향해 달리고 있는데, 한 선수만 정반대 방향으로 땀을 뻘뻘 흘리면서 죽어라고 뛰어가고 있는 모습을 상상해보십시오. 그 선수가 아무리 빨리 뛴다고 한들 무슨 소용이 있겠습니까? 그는 패배자일 뿐입니다. 또 권투 경기를 하는 복서가 사각의 링 위에서 계속 무서운 펀치를 날리고 있는데 허공만 때린다고 해봅시다. 그의 열심이나 힘은 아무 소용이 없는 것입니다.

다시 말해서, 최선을 다해 열심히 하는 것이 전부가 아니라는 말입니다. 분명하고 올바른 목표가 있어야 합니다. 당신은 가정에서 혹은 직장생활에서 어떤 목표를 세우고 있습니까? 신앙생활에서는 어떤 영적 목표를 세웠습니까? 인생 전반에 걸친 장기적인 목표는 무엇입니까? 분명한 목표가 있을 때 우리는 스스로를 훈련하게 되며 절제의 삶을 살게 됩니다.

미국 대통령 가운데 린든 B. 존슨이라는 분이 있었습니다. 이 대통령은 먹는 것을 탐하는 습성이 있어서 점점 몸무게가 늘어갔습니다. 부인이 아무리 바가지를 긁고 호소를 하고 경고를 해도 듣지 않았다고 합니다. 그러자 한번은 부인이 이렇게 말했다고 합니다.

"자기 자신을 다스리지 못하는 사람이 어떻게 나라를 다스립니까?"

이 말에 도전을 받은 대통령은 남은 임기 동안 좋은 대통령으로 일하기 위해 먼저 자신의 몸무게를 1년 내에 20파운드 줄이겠다는 목표를 세웠습니다. 그리고 소식(小食)하고 운동도 하면서 몸무게를 줄이기 위해 열심히 노력했습니다. 결국 그는 1년 동안 23파운드를 줄였습니다. 그의 회고록에 보면, 몸무게를 줄이고 난 후로 정신이 맑아졌고 업무 능력도 많이 향상되었으며 모든 면에서 나아졌다고 했습니다. 뚜렷한 목표를 세우고 나니 훈련이 가능했고, 그런 과정을 통해서 결국은 목표를 달성하게 된 것입니다.

본문에 보면 바울이 이렇게 말합니다.

"이기기를 다투는 자마다 모든 일에 절제하나니"(25절).

여기서 '다툰다'는 말은 '내 모든 에너지를 쏟아붓는다'는 말입니다. 이는 승리를 위해서 전력투구하는 모습을 말합니다. 이런 사람은 '모든 일에', 즉 삶의 여러 영역에서 절제하게 됩니다. 사실 어떤 목표를 성취하기 위해 절제가 필요한 영역은 한두 군데가 아닙니다. 식욕도, 성욕도, 명예욕도, 심지어 우리 안의 갖가지 이기적 욕망과 감정까지도 절제할 필요가 있습니다.

그렇다면 바울은 무엇을 위해서 절제하고 있습니까? 그의 목표는 분명했습니다. 23절 말씀을 보십시오.

"내가 복음을 위하여 모든 것을 행함은 복음에 참예하고자 함이라."

바울은 예수 그리스도의 피 묻은 복음, 이 복음만이 세상을 바꿀 수 있다는 확신을 가지고, "내가 '세계 복음화'를 위해 모든 것을 절제한다"고 말하고 있는 것입니다. 당신도 바울과 같이 분명한 목표를 설정하고 그 목표만큼 절제의 삶을 살 수 있기를 바랍니다.

썩지 아니할 면류관을 위하여

절제를 위한 셋째 걸음은 상급받는 삶을 열망하는 것입니다. 당시 올림픽에서도 그랬지만 고린도에서 벌어지고 있었던 이투미안 게임에서도 최고의 승자에게는 월계관을 씌워주는 전통이 있었습니다. 그런데 문제는 시간이 지나면 월계수가 시들어버린다는 것입니다. 바울은 챔피언에게 주어지는 그 면류관을 보면서 이런 생각을 했습니다.

'결국은 시들어서 썩어질 면류관을 위해서도 사람들은 모든 면에서 얼마나 많은 시간과 욕망을 절제하며 애를 쓰는가? 하물며 썩지 아니할 면류관을 위해 일하는 하나님의 사람들에게는 얼마나 많은 절제가 필요할까?'

그래서 바울은 본문 25절에서 이렇게 말합니다.

"이기기를 다투는 자마다 모든 일에 절제하나니 저희는 썩을 면류관을 얻고자 하되 우리는 썩지 아니할 것을 얻고자 하노라."

썩지 아니할 면류관은 어떤 면류관입니까? 어떤 분은 금 면류관이라고 하는데, 저는 그것이 상징적 언어라고 생각합니다. 주님이 약속한 면류관은 물질적인 것이 아닙니다. 성경을 공부해보면 '영광의 면류관, 자랑의 면류관, 기쁨의 면류관, 소망의 면류관'이란 단어들을 볼 수 있습니다. 바울이 이런 단어를 어떤 경우에 쓰고 있는지 연구해볼 필요가 있습니다.

예를 들어서 바울이 데살로니가라는 도시에 가서 전도하여 많은 사람들이 예수를 믿었고, 바울은 전심으로 그들을 양육했습니다. 바울이 데살로니가교회를 향해 편지를 쓰면서 이렇게 말하는 부분이 있습니다.

"우리의 소망이나 기쁨이나 자랑의 면류관이 무엇이냐 그의 강림하실 때 우리 주 예수 앞에 너희가 아니냐"(살전 2:19).

바울이 주님 앞에서 데살로니가 교인들을 만나는 날, 그가 전도해서 신앙이 잘 자라도록 도와주었던 그들이 바로 그의 기쁨의 면류관이 될 것이라고 고백합니다.

우리가 전도해서 성숙한 믿음생활을 하게 된 사람을 천국에서 만나면 어떻겠습니까? 아마도 영원토록 기쁘고 즐거울 것입니다. 사실, 한 사람이 제대로 믿음생활을 하도록 돕는다는 것은 정말 쉬운 일이 아닙니다. 그런데 한 영혼을 잘 돌봐서 아름다운 신앙생활을 하도록 돕고 천국에서 그 영혼을 만난다면 예수께 뛰어가서 "예수님, 이 사람, 제가 전도했어요" 하고 자랑할 것이고 만나는 사람마다 얘기할 것입니다. 그가 바로 우리의 자랑이 되는 것입니다.

사람을 위해서 투자하는 것만큼 값진 노력은 없습니다. 사람을 전도하는 일, 가르치는 일, 구체적인 필요를 채우며 섬기는 일 등, 영혼을 살리고 양육하는 일은 어떤 일이든 귀하지 않은 것이 없습니다. 그들을 위해서 흘린 눈물이나 기울인 노력만큼 천국에서 우리의 기쁨과 영광이 크고 아름다울 것입니다. 그들은 우리의 썩지 아니할 면류관입니다.

듀퐁 백작의 고백처럼

미국의 필라델피아에 가면 '듀퐁 가든'이라는 아주 아름다운 정원이 있습니다. 저는 워싱턴에 살면서 손님들이 올 때면 그곳에 자주 모시고 갔습니다. 안내하는 분들 얘기에 따르면, 이 정원은 듀퐁 백작이 자기 아내를 위해 만든 것이라고 합니다.

듀퐁 백작이 이 정원을 완성하고 개원식을 할 때 많은 유명 인사들을 초청해서 파티를 열었는데, 그때 다음과 같은 인사말을 했다고 합니다.

"이 정원은 제가 아내를 위해서 만든 것입니다. 함께 기뻐해 주시는 여러분께 감사드립니다. 그러나 저만큼 기뻐할 사람은 없을 것입니다. 왜냐하면 이 정원에는 저의 눈물과 정성이 들어 있기 때문입니다. 저는 아내를 위해서 직접 이 정원에 씨를 뿌리고 나무를 심고 가꾸었습니다. 그래서 이 정원을 바라볼 때마다 제 안에 큰 기쁨이 있습니다."

저는 듀퐁 백작의 얘기를 들으면서 '내가 이 땅에서 전도하기 위해, 또는 양육하기 위해 눈물과 수고를 아끼지 않았던 그 사람들을 천국에서 보면 참 기쁘고 즐겁겠구나!' 하는 생각을 했습니다. 내가 수고하고 눈물 흘린 만큼 우리는 그 기쁨과 영광을 주님 앞에서 확인하고 즐거워할 것입니다. 그것이 우리의 상급입니다.

본문은 이렇게 시작됩니다.

"운동장에서 달음질하는 자들이 다 달아날지라도 오직 상 얻는 자는 하나인 줄을 너희가 알지 못하느냐"(24절).

사실 육상 선수들이 상 때문에 뛰어가는 것 아닙니까? 제가 성경공부하는 데서 상 얘기를 했더니 어떤 분이 이렇게 말씀하셨습니다.

"목사님, 유치하게 상 얘기를 합니까? 유치원 다니던 시절에

나 상 타면 좋아했지 지금 다 커서 무슨 상 받겠다고 열심을 냅니까?"

그래서 제가 그 분에게 "집사님, 집사님은 노벨상 줘도 안 받으시겠습니까?" 하고 물었습니다. 그랬더니 "노벨상이라면 생각해봐야지요" 하더군요.

우리 주님이 주시는 상은 노벨상과는 비교도 안 되는 값진 것임을 기억하십시오. 썩지 아니할 면류관, 주님 앞에서 영원토록 기뻐할 수 있는 그 상급에 대한 열망을 갖는다면 우리는 절제의 열매를 풍성하게 맺을 것입니다.

썩지 아니할 면류관을 얻을 자로 주님 앞에 인정받으려면 우리는 어떤 종류의 삶을 살아야 할까요? 뚜렷한 목표를 세우고 거기에 필요한 훈련을 기쁘게 받으면서 절제하며 믿음으로 전진하십시오. 바울의 고백처럼 "푯대를 향하여, 그리스도 예수 안에서 하나님이 위에서 부르신 부름의 상을 위하여"(빌 3:14) 하루 하루를 힘차게 살아감으로써 주님 주시는 놀라운 복을 누릴 수 있기 바랍니다.

4부 성령에 속한 사람의 열매

10장  성령의 열매를 맺는 비밀

11장 존재와 사역의 열매를 맺으라

> 저는 목회하면서 교회에 나오지만 예수 안 믿는 사람을 너무나 많이 보았습니다. 믿는 척하지만 사실은 안 믿는 사람들이 너무 많습니다. 저는 개인적으로 '그리스도인'에 관한 가장 적확하고 아름다운 정의는 '예수 그리스도에게 붙어 있는 사람'이라고 생각합니다. 예수 그리스도를 구주와 주님으로 영접하고 정말 그리스도의 주권을 인정하고 그리스도 안에서 살아가는 사람, 그런 사람이라야 열매를 맺을 수 있습니다.

4부 성령에 속한 사람의 열매

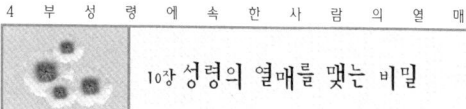

10장 성령의 열매를 맺는 비밀

"형제들아 너희가 자유를 위하여 부르심을 입었으나 그러나 그 자유로 육체의 기회를 삼지 말고 오직 사랑으로 서로 종노릇하라 온 율법은 네 이웃 사랑하기를 네 몸 같이 하라 하신 한 말씀에 이루었나니 만일 서로 물고 먹으면 피차 멸망할까 조심하라 내가 이르노니 너희는 성령을 좇아 행하라 그리하면 육체의 욕심을 이루지 아니하리라 육체의 소욕은 성령을 거스리고 성령의 소욕은 육체를 거스리나니 이 둘이 서로 대적함으로 너희의 원하는 것을 하지 못하게 하려 함이니라 … 오직 성령의 열매는 사랑과 희락과 화평과 오래 참음과 자비와 양선과 충성과 온유와 절제니 이같은 것을 금지할 법이 없느니라 그리스도 예수의 사람들은 육체와 함께 그 정과 욕심을 십자가에 못박았느니라 만일 우리가 성령으로 살면 또한 성령으로 행할지니 헛된 영광을 구하여 서로 격동하고 서로 투기하지 말지니라"(갈 5:13-26).

교회력에서 부활절이 지난 다음에 오는 중요한 절기가 성령강림절입니다. 부활하신 주님께서 50일이 지난 후 제자들에게 성령으로 찾아오신 사건을 기념하는 절기입니다.

성령께서 제자들을 찾아주신 가장 중요한 이유는, 한마디로 말하면 제자들이 그의 삶 가운데 성령의 열매를 맺기 원하셨기 때문이라고 할 수 있습니다. 예수께서 십자가에 달리시기 직전에 다락방에서 제자들에게 교훈하신 내용에 이어서 포도나무의 비유가 나옵니다(요한복음 15장). 여기서 예수님은 포도나

무로 우리는 가지로 비유되는데, 가지인 우리들이 포도나무이신 그리스도께 붙어 있을 때 주님은 우리에게 열매를 기대하십니다. 그래서 16절에서 주님은 "너희가 나를 택한 것이 아니요 내가 너희를 택하여 세웠나니 이는 너희로 가서 과실을 맺게 하고 또 너희 과실이 항상 있게 하여"라고 말씀하십니다.

주님이 우리를 선택하신 궁극적인 목적은 우리의 삶 가운데 열매를 맺게 하기 위함입니다. 그러나 그 열매는 우리 힘으로는 맺을 수 없기 때문에, 주님이 성령으로 우리에게 다시 오신 것입니다. 요한복음 15장은 포도나무의 비유이지만 이어지는 16장은 성령의 장이라고 할 수 있습니다. 16장 7절 말씀을 보십시오.

"내가 떠나가는 것이 너희에게 유익이라 내가 떠나가지 아니하면 보혜사가 너희에게로 오시지 아니할 것이요 가면 내가 그를 너희에게로 보내리니."

그래서 제자들은 성령님을 기다렸던 것입니다.

그러면 오늘 이 시대를 살고 있는 그리스도의 제자들인 우리는 성령의 열매를 맺기 위해서 무엇을 해야 할까요? 부활하신 주님을 만나고, 우리들의 삶 속에서 이 성령의 열매를 맺을 수 있는 비밀이 무엇인지 갈라디아서 5장을 통해서 살펴보고자 합니다. 본문에 나오는 세 개의 중요한 명령에 주의를 기울일 때 성령의 열매를 맺을 수 있는 비밀을 깨닫게 됩니다. 그 명령은 "사랑으로 종노릇하라", "성령을 좇아 행하라", "성령의 인도함을 받으라"입니다.

사랑의 종

본문 13절 말씀을 보십시오.

"형제들아 너희가 자유를 위하여 부르심을 입었으나 그러나 그 자유로 육체의 기회를 삼지 말고 오직 사랑으로 서로 종노릇하라."

갈라디아서 5장은 '그리스도인의 자유'를 천명하는 '자유의 헌장'으로 유명합니다. 왜냐하면 5장 1절부터 그리스도께서 우리에게 자유를 주셨다고 명백히 선언하고 있기 때문입니다.

"그리스도께서 우리로 자유케 하려고 자유를 주셨으니 그러므로 굳세게 서서 다시는 종의 멍에를 메지 말라."

그러나 갈라디아서 5장의 교훈은 결코 그리스도께서 우리에게 자유를 주셨다는 선언만으로 끝나지 않습니다. 5장 1절 말씀이 우리의 삶 속에 적절하게 적용되기 위해서는 13절 말씀과 보완을 이루어야 합니다.

"형제들아 너희가 자유를 위해 부르심을 입었으나 그러나 그 자유로 육체의 기회를 삼지 말고 오직 사랑으로 서로 종노릇하라."

그리스도께서 우리에게 주신 자유는 결코 방종을 위한 것이 아니었습니다. 그 자유는 육체의 기회를 삼기 위한 것이 아니라 사랑으로 서로 종노릇하기 위한 것입니다.

'사랑의 종'이라는 개념이 가장 잘 나타나 있는 사건은 출애굽기 20장에 나옵니다. 옛날 구약 시대에 이스라엘 백성들 가운데 종으로서 주인을 위해 일하는 사람들이 있었는데, 이들은 6년 동안 종의 임무를 다합니다. 그러나 7년째가 되면 안식년이 되어서 자유를 갖게 됩니다. 그런데 종이 자기에게 주어진 자유를 반납하는 경우도 있습니다. 출애굽기 21장 5절을 보십시오.

"종이 진정으로 말하기를 내가 상전과 내 처자를 사랑하니 나가서 자유하지 않겠노라 하면."

주인을 너무 좋아하고 사랑하기에 나가서 자유하지 않겠다는 말입니다. 그러면 주인은 종의 귀에 송곳으로 구멍을 뚫어서 영원한 종이 되었다는 표시를 해줍니다. 그러나 그때부터 주인은 절대로 그를 종처럼 다루지 않고 자기 아들처럼 대우합니다. 이런 종은 자유의 종입니다. 또 다른 개념으로 말하면, 사랑 때문에 종이 된 사랑의 종입니다.

이 사랑의 종이 된다는 것은 매우 중요합니다. 왜냐하면 우리가 사랑의 존재가 될 때에만 사랑의 행위가 가능하기 때문입

니다. 언제든 행위는 존재에서 나오기 마련입니다. 본문의 22절부터 나오는 성령의 열매 가운데 첫번째 열매가 무엇입니까? 바로 사랑입니다. 저는 이 사랑의 열매가 다른 모든 열매의 기초가 된다고 생각합니다.

유명한 복음주의 신학자인 존 스토트 목사님은 성령의 아홉 가지 열매를 세 그룹으로 나누었습니다.

첫째, 하나님과의 관계에서 맺어야 할 열매로 사랑과 희락과 화평을 지적합니다.

둘째, 이웃과의 관계에서 맺어야 할 열매로 오래 참음과 자비와 양선을 언급합니다.

셋째, 자신과의 관계에서 맺어야 할 열매로 충성과 온유와 절제를 이야기합니다.

그렇다면 이 아홉 가지 열매는 어떻게 맺어질까요? 답은 간단합니다. 하나님을 사랑하고 이웃을 사랑하고 자기 자신을 정말 성경적으로 사랑할 줄 알면 가능합니다. 바울 사도는 로마서 5장 5절에서 이렇게 말했습니다.

"소망이 부끄럽게 아니함은 우리에게 주신 성령으로 말미암아 하나님의 사랑이 우리 마음에 부은 바 됨이니."

우리가 예수님 앞에 나아올 때 우리에게 주어지는 가장 놀라운 축복은 성령으로 말미암아 하나님의 사랑이 우리에게 부어지는 것입니다. 다시 말하면, 우리가 복음을 받아들이고 십자가 앞에 나왔을 때 제일 확실하게 경험하게 되는 사실은 "하나님이 사랑이시로구나! 하나님이 나를 사랑하셨구나!" 하는 깨달음이라는 것입니다.

그런데 원문에 보면 로마서 5장 5절의 "부은 바 되었다"는 말이 완료시제로 되어 있습니다. 즉, 과거에 완성되었을 뿐만 아니라 현재에도 그 사건의 의미가 계속된다는 것입니다. 영어로도 "has poured out"이라고 해서 완료시제를 쓰고 있습니다. 우리에게 부어진 하나님의 사랑이 지금도 계속 역사하고 있다는 의미입니다. 사랑은 움직이는 것이고 자라는 것입니다. 하나님이 우리에게 부어주신 사랑은 계속 자라가야 합니다. 성령께서 자라게 하는 그 일을 하십니다.

그래서 바울은 빌립보교회 성도들을 위해서 이렇게 기도합니다.

"내가 기도하노라 너희 사랑을 지식과 모든 총명으로 점점 더 풍성하게 하사"(빌 1:9).

빌립보교회 성도들의 사랑이 풍성해지기를 제일 먼저 기도합니다. 이 풍성해진 사랑으로 하나님과 이웃과 자신을 사랑할 때 성령의 열매가 맺히는 것입니다. 우리가 성령의 역사 앞에 적절하게 반응함으로 더욱 풍성한 사랑의 사람이 되는 것, 그것이 바로 성령의 열매를 맺는 첫번째 비밀입니다.

날마다 성령을 좇아

본문 16절 말씀을 보십시오.

"내가 이르노니 너희는 성령을 좇아 행하라 그리하면 육체의 욕심을 이루지 아니하리라."

영어성경(KJV)에 보면 "성령을 좇아 행하라"는 말이 "성령 안에서 걸어가라"(Walk in the Spirit)는 말로 표현되어 있습니다. 그 동사의 시제가 현재로 되어 있는 것을 보면, 날마다 지속적으로 이루어져야 할 행동임을 강조한다는 것을 알 수 있습니다. 어떤 사람은 예수 믿을 때 처음부터 강력한 성령의 역사를 체험하는 데 반해 또 어떤 사람은 영접한 지 오랜 시간이 흐른 후에 성령의 현저한 역사들을 경험합니다. 그런데 중요한 것은 과거에 내가 엄청난 성령 체험을 했다는 사실이 아니라 날마다 새롭게 성령을 체험하는 일입니다. 과거의 성령 체험이 오늘의 승리의 생활을 보장해주지는 못합니다. 오늘 우리는 다시 성령을 사모하고 그분의 인도를 구하며 그분의 충만함을 입어야 합니다. 그래서 날마다 성령 안에서 그분을 따라 걸어가는 삶을 살아야 합니다.

만약 이 성령님의 사역이 떠나면 그 순간 우리 그리스도인들은, 바울이 고린도교회의 성도들에게 사용한 표현을 빌리자면 '육신적 그리스도인'이 됩니다. 그런데 이 육신적 그리스도인의 삶은 사실상 불신자의 그것과 거의 차이가 없습니다. 그래서 우리는 늘 주님을 의존하고 그분의 인도하심을 체험해야 합니다. 요한복음 15장 5절에 보면 예수님이 "나를 떠나서는 너희가 아무것도 할 수 없다"고 말씀하십니다. 진정한 그리스도인이라면 이 말씀이 실감나야 합니다. 그는 진정 성령님을 사모한다는 것이 무엇인지 아는 사람입니다.

성령을 사모함으로

현대 성령 운동의 물꼬를 튼 신학자이면서 하나님께 크게 쓰임받았던 전도자 중에 무디 목사님의 제자인 R. A. 토레이 목사님이 계십니다. 그런데 R. A. 토레이 목사님의 전기를 보면, 그 분이 하루도 빠짐없이 날마다 반복하는 기도의 내용이 있음을 볼 수 있습니다.

"성령님, 제가 성령님을 떠나서는 살 수 없습니다. 제가 성령으로 충만하다고 느끼지 않았을 때는 말하지 않게 도와주십시오. 왜냐하면 성령충만 없이 말할 때 저는 너무나 많은 실수를 하기 때문입니다. 또한 주님, 제가 성령충만하다고 느끼지 않을 때는 인생의 중요한 결정을 하지 않게 도와주십시오. 저는 너무나 자주 그릇된 결정을 할 가능성이 있기 때문입니다. 성령님, 저를 붙들어주십시오."

성령에 대한 사모함, 이것이 성령을 좇아 살아가는 삶입니다.

성령으로 살아간다는 말의 반대는 육신(肉身)으로 살아간다는 것입니다. 여기서 육신이라는 단어는 단순히 몸을 말하는 것이 아니라 우리 안에 있는 부패한 죄성(罪性)을 가리킵니다. 때로 육신의 소욕도 경건의 모양을 가질 수는 있습니다. 그러나 거기에는 경건의 능력이 없습니다. 육신의 소욕으로 산다는 말을 쉽게 풀면 내 힘으로 산다는 것입니다. 신앙생활도 성령님의 도우심 없이 그냥 내 상식과 힘으로 하다보니 쉽게 지치게 되는 것입니다. 그래서 능력을 행할 수가 없습니다.

본문의 흐름을 살펴보면, 사랑으로 종노릇하라는 13절 말씀에 이어서 14절에는 율법의 핵심에 대해 말씀합니다. 율법의 핵심은 무엇입니까? 사랑, 즉 하나님을 사랑하고 이웃을 사랑하는 것이 율법의 핵심입니다. 그러면 그후에 이어지는 16절 말씀을 주목해보십시오.

"너희는 성령을 좇아 행하라."

율법의 핵심인 사랑을 이루어야 하는데, 그 일은 인간적인 노력만으로는 할 수 없으며 성령의 도우심이 필요합니다. 그래서 바울은 "성령을 좇아 행하라"는 말씀으로 연결합니다.

존 번연의 「천로역정」에 보면 그리스도인 '기독도'가 '해석자'라는 사람의 집에 들어가는 장면이 나옵니다. '기독도'는 그 집의 첫번째 큰 방에 들어갔는데, 그 방은 온통 먼지로 뒤덮여 있었습니다. 잠시 후, 하녀 한 사람이 나오더니 빗자루를 들고 그 방을 쓸기 시작합니다. 그런데 쓸면 쓸수록 먼지가 더 나서 눈을 못 뜨고 기침을 하고 난리입니다. 결국 그 하녀는 들어가고 다른 사람이 나왔습니다. 그 사람은 방안에 먼저 물을 뿌리고 나서 청소를 하기 시작합니다. 그는 먼지 나지 않게 깨끗이 방을 쓸었습니다.

이제 '해석자'가 나와서 이 장면을 해석하는데 아주 재미있습니다. 먼지로 덮여 있는 방은 사람의 마음이고, 그 먼지는 우리들의 죄를 나타냅니다. 그리고 그것을 쓸고 있던 하녀는 율법 혹은 율법을 시행하고자 하는 인간의 육신적 노력을 상징합니다. 우리 힘으로 죄 문제를 해결하려고 하면 할수록 죄가 더 일어날 뿐입니다. 그러니까 율법은 단순히 죄를 계시할 뿐 그것이 해결책이 될 수는 없습니다. 그 다음에 나와서 물을 뿌리고 방을 깨끗이 청소한 사람은 바로 성령님을 통한 복음의 역사를 상징하는 것입니다. 그분만이 가장 효과적으로 죄 문제를 처리할 수 있다는 것입니다.

우리 힘으로는 안 됩니다. 그래서 우리는 성령님을 사모하고 그분의 도우심과 지키심을 구해야 합니다. 그럴 때만 성령께서 우리를 온전히 다루어주실 것입니다. 날마다 성령을 사모하고 그분을 좇아 걸어가는 삶, 바로 그것이 성령의 열매를 맺는 비밀입니다.

성령의 인도하심으로

본문 18절을 보십시오.

"너희가 만일 성령의 인도하시는 바가 되면 율법 아래 있지 아니하리라."

이 말은, 우리가 성령의 인도하심을 받으면 율법을 지킬 필요가 없다는 뜻이 아닙니다. 사실 우리는 늘 율법대로 살아야 할 것을 알면서도 그렇게 살지 못해서 괴로워하고 좌절합니다. 그런데 우리가 성령으로 충만하면 율법 아래서 허우적거리는 것이 아니라 오히려 율법의 요구를 자연스럽게 성취하게 됩니다.

로마서 8장 3,4절에 이와 동일한 의미의 말씀이 있습니다.

"율법이 육신으로 말미암아 연약하여 할 수 없는 그것을 하나님은 하시나니 곧 죄를 인하여 자기 아들을 죄 있는 육신의 모양으로 보내어 육신에 죄를 정하사 육신을 좇지 않고 그 영(靈)을 좇아 행하는 우리에게 율법의 요구를 이루어지게 하려 하심이니라."

우리 마음속에 있는 죄악의 본성이 요구하는 대로 살지 않고 영(성령)을 좇아서 살다보면 율법의 요구가 이루어진다고 했습니다. 성령님을 통해서 우리가 율법을 성취하게 되는 것입니다.

본문 16절에서 "성령을 좇아 행하라"고 한 것은 적극적이고 능동적인 명령입니다. 반면에 18절의 "성령의 인도하시는 바가 된다"는 것은 소극적이고 수동적인 명령입니다. 이것은 굉장히 중요한 의미를 담고 있습니다. 즉, 우리가 하나님의 인도함을 받기 원하는 것보다 성령님이 더 우리를 인도하시기 원한다는 말씀입니다. 그러니까 성령님을 거스르지만 않으면 그분이 우리를 인도해주십니다. 문제는 우리가 그분이 일하시도록 하지 못하고 자꾸 거스른다는 것입니다.

성령님은 사랑하는 자녀들이 아름다운 승리의 삶을 살기를, 우리보다 더 간절히 원하십니다. 에베소서 5장 18절에서도 "술 취하지 말라 이는 방탕한 것이니 오직 성령의 충만을 받으라"고 말씀하는데, 이것은 수동태입니다. 성령으로 채움을 받으라는 것입니다. 다른 말로 하면, 성령이 우리를 충만케 하기를 원하신다는 것입니다. 우리가 거스르지만 않으면 성령께서 그렇게 하십니다.

성령을 거스르는 것들

본문 17절 이하의 말씀을 보면 거스르는 일들이 나타나 있습니다. 바울 사도는 그것을 '육체의 일'이라고 표현했습니다. 이런 것들만 피하면 성령의 열매는 자연스럽게 맺어집니다. 원래 열매는 조건이 갖추어지면 저절로 맺게 되는 것 아닙니까?

19절부터 21절까지 나타난 '성령충만을 저해하는 육신의 일'을 존 스토트는 네 그룹으로 분류합니다.

첫째, 성적인 죄로서 음행(이성과의 부적절한 관계), 더러운 것(비정상적인 성도착), 호색(성에 대한 공개적인 범죄)입니다. 성적인 면과 관련해서 부끄러워할 줄도 모르고 오히려 부끄러워해야 할 것을 자랑스럽게 말하는 풍조가 우리 주변에 얼마나 만연해 있습니까? 그리스도인들이 이러한 성적인 죄에 빠지면 성령충만할 수가 없고, 결국 성령의 열매를 맺을 수 없습니다.

둘째, 사교적(邪敎的)인 죄로서 우상숭배와 술수가 여기에 해당합니다. 사교라는 말은 잘못된 종교라는 의미입니다. 우상숭배는 하나님 아닌 다른 존재를 숭배의 대상으로 삼는 것이고, 술수는 악령들과의 모든 다양한 접촉을 말합니다. 이런 죄에 빠진다면 당연히 성령으로 충만할 수 없습니다.

셋째, 사회적인 죄 혹은 관계적인 죄로서 원수 맺는 것, 분쟁, 시기, 분냄, 당 짓는 것, 분리, 이단(여기서는 공동체를 분열시키기 위한 수단으로 끌어들인 이단을 가리키는 듯), 투기가 있습니다. 이런 죄악들에 빠지면 인간관계가 끊어지고, 그러면 이웃들과의 관계에서 성령의 열매를 맺을 수 없는 것입니다.

넷째, 음주와 관련된 것으로서 술취함과 방탕이 여기에 속합니다. 방탕은 술취함의 결과로서 일어나는 일체의 죄악된 현상들을 일컫는 말입니다.

이런 일이 일어날 때 성령이 우리 안에서 근심하십니다. 그래서 그분은 우리가 이런 죄를 짓고자 할 때 강하게 경고하십니다. 그때 우리는 성령의 경고를 무시함으로써 그분을 소멸해서는 안 됩니다. 우리가 성령으로 충만해지는 것을 우리 자신보다 성령님이 더 원하신다는 사실을 기억하십시오. 그러므로 우리는 그분을 거스르지 않고 그분이 임하시도록 자신을 비워놓고 채워달라고 구하면 됩니다. 그러면 성령님이 반드시 채워주십니다. 어떤 특별한 현상이 없어도 성령님이 나를 붙들고 계신다는 것을 믿고 나아가면 결국은 승리하게 됩니다.

따라서 우리에게 이런 죄들을 거부하는 결단이 필요합니다. 그것이 바로 정과 욕심을 십자가에 못박는 일이며, 성령님의 인도하심을 받는 삶입니다. 결론적으로 말하면, 성령충만의 조건이 만족되면 성령의 열매는 저절로 맺혀집니다.

이제 능력의 사람으로

기독교 역사 속에 성령충만한 삶을 산 가장 대표적인 분을 꼽으라면 저는 무디 목사님을 생각합니다. 무디 목사님의 전기를 읽을 때마다 느끼는 것은 이 분이 정말 성령충만을 간절히 사모했고 실제로 성령충만한 생애를 사셨구나 하는 것입니다.

무디 목사님의 제자였던 R. A. 토레이 목사님이 무디 목사님의 전기를 썼는데, 그 전기에 보면 무디 목사님이 믿지 않는 사람들에게는 전도설교를 했지만 신자들에게 설교할 기회가 생기면 성령에 대해 많이 강조하셨다고 합니다. 그래서 어떤 비판적인 시각을 가진 분은 "자기 혼자 성령 성령 하고 다니다니, 무디가 성령을 독점하기라도 했느냐?"라고 비꼬았다고 합니다. 이때 무디를 존경했던 분이 그 사람에게 이런 흥미있는 답변을 했다고 합니다.

"무디 선생님이 성령을 독점했는지는 모르지만, 분명한 사실은 성령님이 무디 선생님을 독점했다는 것입니다."

토레이 목사님은 무디 목사님이 늘 이렇게 말씀하셨다고 기록합니다.

"나는 신앙생활을 하면 할수록 나 자신에 대한 무력감을 더욱더 처절하게 느낀다. 내가 잠깐이라도 이기심과 교만으로 채워지는 그 순간, 나는 다시 육신의 사람으로 돌아간다. 그래서 나는 때마다 시간마다 엎드려서 나를 비우게 해달라고, 나 자신을 포기하게 해달라고 기도한다. 내가 이기심과 교만을 포기하는 그 순간마다 성령님은 다시 내게 임하시고 나를 채워주신다. 그때에야 비로소 나는 주께서 원하시는 일들을 감당할 수 있게 된다."

토레이는 바로 그것이 무디 목사님의 능력있는 삶의 비밀이라고 말합니다. 우리 역시 마찬가지입니다.

무력감과 연약함을 느끼고 육신으로, 사람으로 돌아오는 내 모습을 발견할 때마다, 우리도 무디 목사님처럼 엎드려 기도함으로써 성령께서 임하시도록 그분을 사모해야 합니다. 그럴 때 우리는 다시 일어나 능력의 사람으로 생명의 열매맺는 인생을 살아갈 수 있게 됩니다.

4부 성령에 속한 사람의 열매

11장 존재와 사역의 열매를 맺으라

"내가 참포도나무요 내 아버지는 그 농부라 무릇 내게 있어 과실을 맺지 아니하는 가지는 아버지께서 이를 제해버리시고 무릇 과실을 맺는 가지는 더 과실을 맺게 하려 하여 이를 깨끗게 하시느니라 너희는 내가 일러준 말로 이미 깨끗하였으니 내 안에 거하라 나도 너희 안에 거하리라 가지가 포도나무에 붙어 있지 아니하면 절로 과실을 맺을 수 없음같이 너희도 내 안에 있지 아니하면 그러하리라 나는 포도나무요 너희는 가지니 저가 내 안에, 내가 저 안에 있으면 이 사람은 과실을 많이 맺나니 나를 떠나서는 너희가 아무것도 할 수 없음이라 사람이 내 안에 거하지 아니하면 가지처럼 밖에 버리워 말라지나니 사람들이 이것을 모아다가 불에 던져 사르느니라 너희가 내 안에 거하고 내 말이 너희 안에 거하면 무엇이든지 원하는 대로 구하라 그리하면 이루리라 너희가 과실을 많이 맺으면 내 아버지께서 영광을 받으실 것이요 너희가 내 제자가 되리라 아버지께서 나를 사랑하신 것같이 나도 너희를 사랑하였으니 나의 사랑 안에 거하라"(요 15:1-9).

여러 해 전에 세상을 떠난 시인 김현승 님의 시 가운데 '가을의 기도'라는 시가 있습니다.

　　가을에는 기도하게 하소서
　　낙엽이 지는 때를 기다려

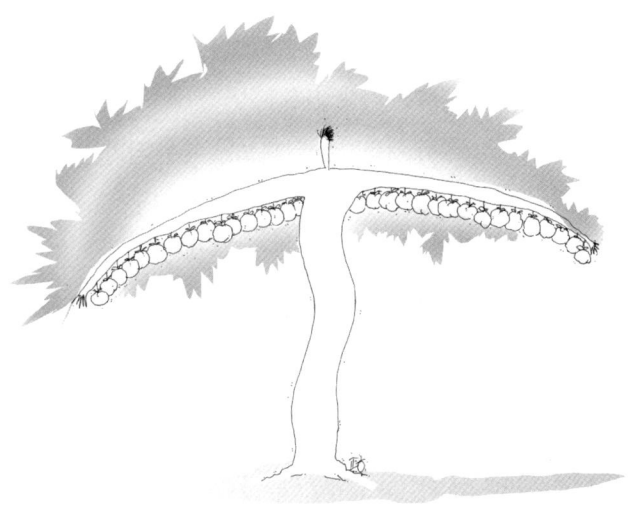

내게 주신 겸허한 모국어로 나를 채우소서
가을에는 사랑하게 하소서
오직 한 사람을 택하게 하소서
가장 아름다운 열매를 위하여
이 비옥한 시간을 가꾸게 하소서.

가을은 열매의 계절입니다. 농부의 보람은 열매를 거두는 데 있습니다. 봄에 씨를 뿌리고 여름의 폭염을 견디면서 땀 흘리고 수고한 농부의 궁극적인 기대는 가을에 추수할 열매에 있습니다. 그러나 우리가 살고 있는 이 시대는 열매에 관심을 기울이기보다는 꽃을 구하는 시대입니다.

성경에 나타난 꽃의 이미지를 살펴보면 좋은 의미를 담고 있는 경우도 있지만 부정적인 의미를 담고 있는 경우가 훨씬 더 많습니다. 예를 들면 다음과 같은 것들입니다.

> "인생은 그 날이 풀과 같으며 그 영화가 들의 꽃과 같도다 그것은 바람이 지나면 없어지나니 그곳이 다시 알지 못하거니와"(시 103:15, 16).
> "부한 형제는 자기의 낮아짐을 자랑할지니 이는 풀의 꽃과 같이 지나감이라"(약 1:10).
> "모든 육체는 풀과 같고 그 모든 영광이 풀의 꽃과 같으니 풀은 마르고 꽃은 떨어지되"(벧전 1:24).

이렇듯 꽃의 이미지는 순간적인 가치와 오래 지속될 수 없는 일회성을 뜻하는 어떤 것을 비유하는 데 주로 사용되곤 합니다. 그럼에도 불구하고 오늘 이 시대의 현대인들은 찰나의 만족을 붙잡기 위해서 몸부림치고 있습니다. 그러나 성경은 우리가 열매에 관심을 가져야 한다고 가르치고 있습니다. 하나님은 우리에게 열매를 기대하고 계십니다.

이 열매는 어떤 열매일까요? 또 어떻게 하면 그런 열매를 맺을 수 있을까요? 요한복음 15장을 통해 이 질문에 대한 답을 얻고자 합니다. 먼저 이 본문의 배경을 살펴보기로 하겠습니다. 저는 예수께서 십자가를 지시기 전날 본문의 말씀을 하시지 않았을까 생각합니다. 최후의 만찬이 끝나고 예수님은 다락방에서 나와 언덕 아래 계곡 쪽을 바라보고 계십니다. 언덕길을 걸어서 한참 내려가면 예루살렘 성을 둘러싸고 있는 기드론이라고 하는 계곡이 있습니다. 그 계곡을 건너가면 겟세마네 동산이 있고 저 위에는 감람산이 있습니다.

 해질 무렵 다락방에서 나오신 예수님은 아마도 제자들을 데리고 저 시냇가를 향해 걸어가셨을 것입니다. 지금도 그 길 주변에는 포도원들이 있는데, 아마도 예수님이 지나가실 당시에도 그러했을 것입니다. 3년 동안 사랑과 꿈을 나누고 말씀으로 양육했던 제자들, 내일이면 헤어져야 하는 그 제자들과 함께 포도원을 통과하면서 예수님은 이렇게 말씀하십니다.

 "나는 포도나무야. 자네들은 가지란 말일세. 자네들은 이제부터 열매를 맺어야 해."

 여기서 예수님은 어떤 열매를 염두에 두고 말씀하셨을까요? 본문을 살펴보면 주님이 적어도 두 가지 대표적인 열매를 제자들에게 기대하셨다는 것을 알 수 있습니다.

존재의 열매

우리가 맺어야 할 첫째 열매는 존재의 열매, 다른 말로 바꾸면 인격의 열매라고 할 수 있습니다. 우리가 예수님 앞에 나와서 그분을 영접하고 하나님의 자녀가 되었다면, 이제부터 가장 중요한 과제는 "내가 어떤 사람이 되느냐" 하는 것입니다.

요한복음 15장은 사실상 요한복음 13장부터 시작된 유명한 '다락방 강론'의 연장선상에 있는 말씀이라고 볼 수 있습니다. 요한복음 13장에 보면 예수께서 다락방에서 제자들의 발을 씻기신 후 그들에게 이렇게 말씀하십니다.

"새 계명을 너희에게 주노니 서로 사랑하라 내가 너희를 사랑한 것같이 너희도 서로 사랑하라 너희가 서로 사랑하면 이로써 모든 사람이 너희가 내 제자인 줄 알리라"(34, 35절).

주님은 자신을 따라오는 제자들에게 사랑의 존재가 될 것을 기대하신 것입니다. 사랑하는 삶을 사는 존재, 그것이 우리가 인격의 문제에서 첫번째로 관심을 가져야 할 부분입니다.

또 주님은 요한복음 14장 27절에서 이런 말씀을 하십니다.

"평안을 너희에게 끼치노니 곧 나의 평안을 너희에게 주노라 내가 너희에게 주는 것은 세상이 주는 것 같지 아니하니라 너희는 마음에 근심도 말고 두려워하지도 말라."

평안이 없는 세상에서 평안을 누리며 평화를 창조하는 자로 살기를 바란다는 말씀입니다. 어떤 사람은 늘 다니면서 분란을 일으키곤 합니다. 그런 사람이 있으면 공동체가 시끄럽고 고통스럽습니다. 그러나 주님은 우리에게 평화의 존재가 될 것을 기대하십니다.

요한복음 15장에 들어와서 주님은 사랑과 평화에 이어 또 하나의 중요한 단어를 첨가하십니다. 바로 '기쁨'이라는 단어입니다. 15장 11절 말씀을 보십시오.

"내가 이것을 너희에게 이름은 내 기쁨이 너희 안에 있어 너희 기쁨을 충만하게 하려 함이니라."

참으로 이 세상에는 기쁨을 잃어버릴 만한 사건들이 계속 우리를 괴롭힙니다. 그러나 주님은 우리가 이런 세상 속에서 주변 환경과 상관없이 요동치 않는 기쁨을 누리는 존재이기를 바란다고 말씀하십니다.

요한복음 16장 23, 24절에서도 같은 맥락으로 말씀하십니다.

"그 날에는 너희가 아무것도 내게 묻지 아니하리라 내가 진실로 진실로 너희에게 이르노니 너희가 무엇이든지 아버지께 구하는 것을 내 이름으로 주시리라 지금까지는 너희가 내 이름으로 아무것도 구하지 아니하였으나 구하라 그리하면 받으리니 너희 기쁨이 충만하리라."

한 인격, 아홉 가지 단면

인격의 문제에서 예수님이 계속 강조하시는 단어들을 주목해보십시오. 사랑, 평화, 기쁨, 이런 주제들을 생각할 때 떠오르는 성경 구절이 있습니까? 그렇습니다. 성령의 열매를 언급하고 있는 갈라디아서 5장 22,23절입니다. 사랑과 희락과 화평과 오래 참음과 자비와 양선과 충성과 온유와 절제, 이것을 우리는 보통 성령의 아홉 가지 열매라고 말합니다. 그러나 갈라디아서 5장 22절에 나오는 '성령의 열매'란 말은 복수가 아니라 단수입니다. 즉, 이 열매들은 한 인격에서 나오는 아홉 가지 단면이라는 말입니다.

이 세상에 살았던 분들 가운데 정말 사랑이 충만하고 온전한 기쁨을 누리며 지극한 평화와 참으로 오래 참으심 가운데 사셨던 분이 있었다면 누가 생각납니까? 바로 우리 예수님입니다. 우리가 성령의 열매를 맺는다는 것은 바로 예수님을 닮아간다는 뜻입니다. 내가 예수 믿고 그분의 제자로서 이 땅을 살아간다면 예수님의 인격을 닮아가는 것은 당연한 일 아닙니까? 그것이 바로 우리 존재의 열매라고 할 수 있습니다.

주님은 우리가 사랑의 사람이 되기를 기대하십니다. 그래서 때때로 사랑하지 못할 사람을 우리 주변에 두셨습니다. 고민하고 괴로워하고 아파하면서 마침내 그를 사랑하는 것을 배울 수 있도록 하기 위해서 말입니다. 그리고 기뻐할 수 없는 사건들이 계속 일어나는 평화 없는 이 세상에서 우리가 마음속에 견고한 기쁨과 평화를 가지고 살도록 주님은 우리를 훈련시키십니다.

참기 어려운 일이 많은 환경들 속에서 주님은 우리를 오래 참게 하십니다. 어떤 분이 자기가 너무 참지 못하니까 주님 앞에 나와서 "주님, 저에게 인내를 주세요. 오래 참게 해주세요" 하고 기도를 했습니다. 그리고는 잊어버렸습니다. 얼마 후에 동생과 갈등이 생겨서 많은 괴로움과 아픔을 당했습니다. 그래서 "하나님, 내가 동생과 이렇게 비참하게 갈등하면서 살아야 합니까?" 하면서 하나님께 따졌습니다. 그때 하나님이 이렇게 말씀하셨다고 합니다.

"이것이 네 기도의 응답이다. 네가 오래 참게 해달라고 기도하지 않았느냐?"

사랑과 희락과 화평과 오래 참음과 자비와 양선과 충성과 온유와 절제. 그렇습니다. 우리가 인생을 다 살았을 때 주님께로부터 듣게 될 중요한 물음 중 하나가 이 질문입니다.

"네가 나를 믿었기 때문에 얼마나 변했느냐? 어떤 사람이 되었느냐?"

주님은 우리가 존재의 열매, 인격의 열매를 맺기 원하십니다.

사역의 열매

인격의 열매와 함께 주님이 우리에게 요구하시는 또 하나의 열매는 사역의 열매라고 할 수 있습니다. 즉, 내가 어떤 일을 하고 살아가느냐 하는 것입니다. 우리는 세상을 살면서 해야 할 일이 많습니다. 그러나 예수 그리스도를 믿는 사람으로서 우리가 해야 할 가장 중요한 일은 무엇이겠습니까? 나를 구원하시고 내게 소망과 생명을 주신 예수 그리스도를 증거하는 일, 바로 그것입니다. 이 일보다 더 중요한 과제는 없습니다.

주님을 증거하는 삶의 열매를 맺고 있습니까? 당신은 예수 믿고 나서 얼마나 많은 사람에게 전도했습니까? 당신 때문에 예수 믿고 새 생명을 얻어 변화된 사람이 얼마나 됩니까? 누구입니까? 이름을 생각해보십시오. 이것은 우리 인생의 마지막 날에 결산해야 할 중요한 질문 가운데 하나입니다.

본문에 이어 나오는 요한복음 15장 16절 말씀을 보십시오.

"너희가 나를 택한 것이 아니요 내가 너희를 택하여 세웠나니 이는 너희로 가서 과실을 맺게 하고 또 너희 과실이 항상 있게 하여 내 이름으로 아버지께 무엇을 구하든지 다 받게 하려 함이니라."

겉보기에는 우리가 예수님을 택한 것 같지만 실은 하나님의 은혜와 섭리로 주님이 우리를 택하신 것이라고 말씀하시면서 뒤이어 택하심의 목적을 명시하십니다. 즉, 우리로 열매를 맺도록 하기 위해서 우리를 택하여 세우셨다는 것입니다.

십자가 앞에 나아와서 죄 사함을 얻고 영생을 얻은 우리들에게 예수님은 이제 우리가 세상으로 나아가야 한다고 말씀하십니다.

"너희는 가서 모든 족속으로 제자를 삼아 …"(마 28:19).

전도하라는 명령입니다. 이렇게 분명한 말씀이 있는데도 우리는 왜 전도하지 않습니까? 여러 가지 이유가 있겠지만 가장 큰 이유는 두려움 때문이지 않을까 합니다. 전도하다가 창피당하지는 않을까 혹은 어려움당하지는 않을까 하는 마음이 우리에게 전도의 의욕을 빼앗아갑니다. 그러나 우리가 전도하기로 결정하면 더 이상 두려워할 필요가 없습니다. 왜냐하면 주님이 도와주시겠다고 약속하셨기 때문입니다.

"너희는 가서 모든 족속으로 제자를 삼아 … 내가 세상 끝날까지 너희와 항상 함께 있으리라 하시니라"(마 28:19, 20).

선민의 특권과 의무

이스라엘 민족은 자신들이 하나님께로부터 선택받은 백성이라는 선민 의식이 무척 강한 민족입니다. 그것은 지금도 마찬가지입니다. 그런데 구약 시대에도 그렇고 지금도 그렇지만 전세계적으로 이스라엘 민족만큼 고통과 역경을 겪은 나라도 드뭅니다. 하나님의 선택을 받은 백성들이 왜 그렇게 고생을 많이 했습니까? 간단히 말하면, 그들이 잘못된 의식 구조를 갖고 있었기 때문입니다. 즉, 그들은 선민의 특권이 주는 즐거움은 알았지만 선민의 의무를 망각했던 것입니다. 하나님이 왜 그들을 선택해주셨는지 그 이유를 망각하고, 그 축복을 나누는 대신 그것을 독점하려 했습니다. 그래서 하나님은 자신이 이스라엘 백성들을 선택한 이유가 무엇인지를 그들로 깨닫게 하시기 위해서 수많은 고통을 허락하신 것입니다.

선택은 둘 중 하나입니다. 계속 하나님께 얻어 맞고 나서 마침내 순종하든지 아니면 알아서 순종하든지. 당신은 어떻게 하기를 원하십니까? 전도 안 하고 계속 도망다니다가 하나님께 혼나고 나중에 와서 항복하겠습니까? 아니면 하나님이 말씀하시는 대로 지금 순종하겠습니까?

본문이 속한 요한복음 15장은 다음과 같은 구절로 끝납니다.

"내가 아버지께로서 너희에게 보낼 보혜사 곧 아버지께로서 나오시는 진리의 성령이 오실 때에 그가 나를 증거하실 것이요"(26절).

제자들이 가서 열매를 맺고자 할 때 성령이 함께하실 것이므로 염려하지 말라고 주님은 말씀하십니다. 내가 어떻게 전도할 수 있을까 걱정하거나 두려워하지 마십시오. 성령이 함께하실 것을 믿으십시오. 성령님이 친히 그리스도를 드러내고 그리스도를 증거할 것입니다. 당신이 할 일은 순종하는 것입니다. 하나님의 말씀에 순종하고 나아갈 때 성령께서 도우심으로 정말 이웃들이 구원받는 것을 보는 기쁨을 누리게 될 것입니다. 당신도 이 사역의 열매를 풍성하게 맺을 수 있기 바랍니다.

주 안에 거하라

주님이 원하시는 존재의 열매와 사역의 열매는 어떻게 맺을 수 있습니까? 답은 하나, 주(主) 안에 거하는 것입니다. 그렇다면 주 안에 거한다는 것이 무슨 의미입니까? 이것을 풀어서 말하자면, 첫째로 주님과 바른 관계를 맺는 것입니다. 요한복음 15장 4절을 보십시오.

"내 안에 거하라 나도 너희 안에 거하리라 가지가 포도나무에 붙어 있지 아니하면 절로 과실을 맺을 수 없음같이 너희도 내 안에 있지 아니하면 그러하리라."

주님과 바른 관계를 맺는다는 것은 가지가 포도나무에 붙어 있는 것처럼 우리가 그리스도께 붙어 있어야 한다는 말입니다. 그럴 때에만 열매를 맺을 수 있습니다.

그리스도인의 정의(定義)가 무엇입니까? 교회 나오는 사람입니까? 절대 그렇지 않습니다. 저는 목회하면서 교회에 나오지만 예수 안 믿는 사람을 너무나 많이 보았습니다. 믿는 척하지만 사실은 안 믿는 사람들이 너무 많습니다. 저는 개인적으로 '그리스도인'에 관한 가장 적확하고 아름다운 정의는 '예수 그리스도에게 붙어 있는 사람'이라고 생각합니다. 예수 그리스도를 구주와 주님으로 영접하고 정말 그리스도의 주권을 인정하고 그리스도 안에서 살아가는 사람, 그런 사람이라야 열매를 맺을 수 있습니다.

둘째로, 열매를 맺으려면 주님과의 지속적인 교제가 필요합니다. 일단 예수를 믿으면 예수님과의 관계가 시작됩니다. "그분은 나의 구주, 나는 그분의 어린양, 그분은 포도나무, 나는 가지" 이렇게 말할 수 있는 관계가 시작되는 것입니다. 그러나 계속적인 교제, 즉 가지와 포도나무가 수분과 양분을 서로 주고받는 식의 지속적인 교제가 이루어질 때라야 그 교제를 통해서 열매가 맺힙니다.

그럼 주님과 어떻게 교제합니까? 그 구체적인 방법은 7절에 나와 있습니다.

"너희가 내 안에 거하고 내 말이 너희 안에 거하면 무엇이든지 원하는 대로 구하라 그리하면 이루리라."

먼저 말씀을 통해서 주님과 더불어 교제할 수 있습니다. 주님의 말씀이 내 안에 있어야 합니다. 하나님의 말씀을 듣고 묵상하고 암송하면서 그 말씀을 붙들고 살 때 그 말씀이 우리 안에 거하게 됩니다. 이렇게 주님의 음성을 들으면 이제 대답을 해야 합니다.

"주님, 저는 이렇게 생각해요. 그리고 제게 이러이러한 것들이 필요해요. 도와주세요."

말씀을 듣고 기도로 하나님께 나아가는 것입니다.

친구와 교제하는 것도 이와 똑같습니다. 좋은 친구가 되는 방법은 먼저 상대의 말을 잘 들어주고 거기에 반응하는 것입니다. 보통 남편들이 부인 말을 잘 안 듣는 경향이 있습니다. 부부가 한 지붕 아래 산다고 해서 저절로 열매가 맺히는 것은 아닌 것처럼 잘 듣고 응답해야 합니다. 그것이 바로 교제이고, 좋은 교제가 있을 때에만 열매가 맺힙니다. 풍성한 열매를 맺기 원한다면 말씀과 기도를 통해서 하나님과 깊은 교제를 나누시기 바랍니다.

마지막으로, 주 안에 거한다는 것은 그분께 순종한다는 의미입니다. 요한복음 15장에는 거한다는 말이 계속 나오는데, 주 안에 거한다는 것은 다른 말로 하면 주님의 사랑 안에 거한다는 뜻입니다. 9절을 보십시오.

"아버지께서 나를 사랑하신 것같이 나도 너희를 사랑하였으니 나의 사랑 안에 거하라."

그렇다면 어떻게 하는 것이 주님의 사랑 안에 거하는 것입니까? 그 다음 10절을 보십시오.

"내가 아버지의 계명을 지켜 그의 사랑 안에 거하는 것같이 너희도 내 계명을 지키면 내 사랑 안에 거하리라."

하나님의 아들이신 예수가 아버지의 말씀을 잘 듣고 그 계명을 지켰더니, 하나님이 보실 때 그 아들이 너무나 소중하게 보였습니다. 그래서 "너는 내 사랑하는 아들이라 내가 너를 기뻐하노라"고 하셨습니다. 예수님이 하늘에 계신 아버지의 말씀을 듣고 순종함으로 하나님의 사랑의 대상이 되었던 것처럼, 우리도 그분의 계명을 지키면 그분의 사랑 안에 거하게 됩니다. 주님의 사랑을 체험하려면 그분의 말씀을 지켜야 합니다. 순종해야 합니다. 신앙생활은 한마디로 말하면 하나님이 말씀하신 대로 순종하는 것입니다.

가장 큰 계명

하나님이 주신 계명 중에 가장 큰 계명은 무엇입니까? 12절 말씀을 보십시오.

"내 계명은 곧 내가 너희를 사랑한 것같이 너희도 서로 사랑하라 하는 이것이니라."

서로 사랑하라는 것이 주님이 주신 제일 중요한 계명입니다. 그 다음 절을 보십시오.

"사람이 친구를 위하여 자기 목숨을 버리면 이에서 더 큰 사랑이 없나니"(13절).

예수님은 우리의 친구가 되어주셨을 뿐만 아니라 우리를 위해 목숨까지 버리셨습니다. 나를 위해 목숨을 버릴 만큼 나를 사랑하신 주님, 그 큰 사랑 때문에 내가 그리스도인이 되었다면 내 이웃에게 복음을 전하는 일쯤 왜 못하겠습니까? 내 체면, 자존심, 편리 때문에 주저하고 있습니까? 주님이 우리처럼 자존심이나 유익 따위를 생각하셨다면 어떻게 우리를 구원하실 수가 있었겠습니까? 주님의 사랑을 아는 자라면 이웃의 영혼에 관심을 가지는 것이 마땅합니다.

10여 년 전에 일본의 벳푸라는 곳에서 일본 목회자들을 대상으로 하는 세미나에 강사로 갔던 적이 있습니다. 낮에 '일본 교회와 한국교회의 비교'라는 주제로 세미나를 진행하고 있었는데, 일본 목회자들이 자기 나라 사람들이 전도를 잘 하지 않는 이유를 토의해서 다음과 같은 결론을 내렸습니다. 즉, 일본 사람들은 아주 민감하기 때문에 이웃에게 폐를 끼치지 않으려고 너무 조심하다보니 전도를 못한다는 것입니다.

마지막 날 밤, 저는 일본 목사님들에게 도전을 했습니다. 벳

푸라는 도시가 온천 지대여서 용암천이 많았는데, 그 용암들 중에는 무슨 무슨 지옥이라는 이름을 가진 데가 많았습니다. 예를 들면 해 지옥, 산 지옥, 애기 지옥, 애비 지옥 그런 것들입니다. 그래서 제가 설교중에 이런 말을 했습니다. 술 취한 사람이 비틀거리면서 용암천으로 가고 있는데, 그의 사생활을 존중한답시고 그가 용암천을 향해 그대로 가도록 내버려둡니까? 그것이 이웃 사랑입니까? 조금 있으면 펄펄 끓는 용암 속에 떨어질 게 뻔한데 그냥 내버려두는 것, 그것이 이웃 사랑입니까? 아니면 그의 사생활을 조금 침해하더라도 가는 길을 막고 "여보시오! 그대로 가면 죽어요. 돌아서요!" 하고 외치는 것이 이웃 사랑입니까?

그대로 가면 죽으니까 돌아서서 하나님께로 돌아오라고 말하는 것, 그것이 바로 전도입니다. 그렇게 함으로써 죽을 뻔한 영혼을 살리는 것, 그 기쁨은 맛보지 않은 사람은 알 수 없습니다.

우리가 생을 마치고 주님 앞에 서면 반드시 두 가지 질문을 받게 될 것입니다.

첫째, 예수 믿고 나서 어느 정도로 인격이 변화되었는가?

둘째, 주님의 사랑이 담긴 복음을 얼마나 많은 사람들에게 전했는가?

제가 좋아하는 인도의 시인 타고르의 시 '기탄잘리'를 보면 이런 대목이 있습니다.

"죽음이 나의 문을 두드릴 때, 님이시여, 나는 당신에게 생명이 가득 찬 그릇을 갖다놓겠습니다."

죽음이 우리 존재의 문을 두드릴 때, 우리도 풍성한 생명의 열매를 주님 앞에 드리며 이런 고백을 할 수 있다면 좋겠습니다.

"주님, 여기 생명의 열매들이 있습니다. 짧은 세상 살면서 내가 복음을 전했던 사람들이 여기 있습니다. 기쁘게 받아주시옵소서."

성령에 속한 사람

초판 1쇄 발행	2000년 12월 7일
초판 45쇄 발행	2025년 3월 7일

지은이	이동원
펴낸이	여진구
편집	이영주 박소영 최현수 구주은 안수경 김도연 김아진 정아혜
책임디자인	마영애 노지현 조은혜 정은혜
홍보 · 외서	진효지
마케팅	김상순 강성민
마케팅지원	최영배 정나영
제작	조영석 허병용
경영지원	김혜경 김경희

303비전성경암송학교 유니게 과정
이슬비전도학교 / 303비전성경암송학교 / 303비전꿈나무장학회

펴낸곳　　규장

주소　06770 서울시 서초구 매헌로 16길 20(양재2동) 규장선교센터
전화 02)578-0003　　팩스 02)578-7332
이메일　kyujang0691@gmail.com　　홈페이지　www.kyujang.com
페이스북　facebook.com/kyujangbook　　인스타그램　instagram.com/kyujang_com
카카오스토리　story.kakao.com/kyujangbook
등록일　1978.8.14. 제1-22

ⓒ 저자와의 협약 아래 인지는 생략되었습니다.
이 출판물은 저작권법에 의해 보호를 받는 저작물이므로 무단 전재와 무단 복제를 할 수 없습니다.

책값　뒤표지에 있습니다.
ISBN 978-89-7046-807-5　03230

규 | 장 | 수 | 칙

1. 기도로 기획하고 기도로 제작한다.
2. 오직 그리스도의 성품을 사모하는 독자가 원하고 필요로 하는 책만을 출판한다.
3. 한 활자 한 문장에 온 정성을 쏟는다.
4. 성실과 정확을 생명으로 삼고 일한다.
5. 긍정적이며 적극적인 신앙과 신행일치에의 안내자의 사명을 다한다.
6. 충고와 조언을 항상 감사로 경청한다.
7. 지상목표는 문서선교에 있다.

하나님을 사랑하는 자 곧 그의 뜻대로 부르심을 입은 자들에게는 모든 것이 合力하여 善을 이루느니라(롬 8:28)

Member of the
Evangelical Christian
Publishers Association

규장은 문서를 통해 복음전파와 신앙교육에 주력하는 국제적 출판사들의 협의체인 복음주의출판협회(E.C.P.A:Evangelical Christian Publishers Association)의 출판정신에 동참하는 회원(Associate Member)입니다.